कथा का पृष्ठ
(गद्य कविता)

कथा का पृष्ठ

वीरेन्द्र सारंग

वाणी प्रकाशन ग्रुप
भारतीय ज्ञानपीठ

वाणी प्रकाशन : भारतीय ज्ञानपीठ की पुस्तकों के एकमात्र प्रकाशक एवं वितरक

लोकोदय ग्रन्थमाला : ग्रन्थांक 1519

सजिल्द पहला संस्करण : 2022
सजिल्द दूसरा संस्करण : 2025

वाणी प्रकाशन : भारतीय ज्ञानपीठ की पुस्तकों के एकमात्र प्रकाशक एवं वितरक

वाणी प्रकाशन

4695, 21-ए, दरियागंज, नयी दिल्ली-110 002
दूरभाष : 011-23273167, 23275710
ईमेल : sales@vaniprakashan.in
www.vaniprakashan.com

ISBN : 978-93-7112-159-0

मूल्य : ₹ 495

कथा का पृष्ठ
(गद्य कविता)
वीरेन्द्र सारंग

KATHA KA PRISHTH
(Gadya Kavita)
by Virendra Sarang

आवरण-चित्र : के. रवीन्द्र

मुद्रक : आर. टेक ऑफ़सेट प्रिंटर्स, दिल्ली-110 032

एक दिन कविता ने मुझसे कहा—'कवि जी! मैं चाहती हूँ कि अपनी बात गद्य में कहूँ, लेकिन लय तो मेरा स्वभाव है। मेरा गद्य भी कविता ही है कवि जी! आप इसे गद्य की कविता कहें या कविता का गद्य, यह आपकी मर्जी! मैं खुश हूँ कि आप मेरे साथ हमेशा रहते हैं। आप जरूर बताइएगा कि मेरा गद्य कैसा लगा आपको, बन पड़ा है न ठीक से! और यदि यह कविता ही बन गया हो तो मुझसे बात तो होगी न!'

कविता खुश है कि वह अपना गद्य कह रही है, और उसका कवि उसके साथ है।

कविता ने अपने गद्य को कविता समर्पित की है।

अनुक्रम

पलथी मारे बैठी है सामने

खोज लेती है वह गंदे पानी की धार में अपनी सूचना।
वह कभी बूढ़ी नहीं हुई, जवान रही मेरी कविता।
वह राग–बोध खूब उड़ाती है, और पानी खौलाकर भाप भी...
क्या कविता जवान नहीं लगती जब बादल बनकर उड़ती है,
बरसती है और शीत में जड़ाती है, लू में तो भरपेट शरबत पीती है।

उधर देखो कविता ताप रही अलाव, बह रही हवा के साथ।
किसी बच्चे से होती हुई दादा–दादी तक पहुँचती है वह।
फिर तो वह मृत्यु की अनुभूति भी करती,
कविता कितना मेरे पास है!

कई रोटी सेकने के बाद कविता नहीं हुई राख।
वह मर नहीं सकती और जनम सकती है कहीं भी।
कविता का होना खुद का होना है— जिन्दा!
कौन करेगा समीक्षा? कविता की प्रतिक्रिया पर..
देखिए! लड़ाई में कविता की आँख के नीचे काला हो गया है।
वैसे आँख मटमैली नहीं है और नशीली न कीचड़ से भरी।
वह खूब देखती है लोगों को दलबल के साथ दलदल में।

जरूर मिलेगा जीवन!
कविता का हाथ पकड़ो! और मरने से बचो!

मेरा कोई गुरु नहीं

एक आदमी जहर बो देता है।
एक मछली तालाब के लिए मुहावरा दे देती है।
एक नेता के बयान और गंदी नजर से पार्टी बदनाम हो जाती है।
एक भेदी से पराजय हो सकती है।
एक चना भाड़ में छिटकता है और आँख फोड़ देता है।

गुरु जी आपने कहा था होनी चाहिए आलोचना,
तो आप चिकने घड़े लगते हैं, आप मुखौटा पहने रहते हैं,
और पूछने पर कि इन चेहरों का अंतर बताइए आप बिगड़ जाते हैं।

शून्य नम्बर से मैं आहत हूँ गुरु जी!
कौन सी दृष्टि मिली है आपको जो देना नहीं चाहते,
आप बदनाम वाले मुहावरे हैं।
हाँ इतना जरूर है कि आप किसी धनुषधारी का अंगूठा दक्षिणा में नहीं माँगते।
गुरु जी को ही अपने हाथ कटवाने का डर रहता है।
वैसे आप अच्छे हैं गुरु जी, मेरी बात सुनते हैं आप और मुझे समझते हैं।
और समझाया भी है मुखौटों के प्रकार और परिभाषा।
यह घड़ा आपके घर का ही, खूब पका है यह माघी घड़ा गुरुजी!
इसमें पानी खूब ठंडा होता है आपको कभी नहीं भुलाएँगे हम।

अभिवादन स्वीकार करें, आशीर्वाद नहीं चाहिए मुझे!
हाँ गुरुजी कोई नया रास्ता होगा तो जरूर बताइएगा
मैं आपका वही हूँ— फलाने!

कुछ ऐसा ही...

बन गए हैं घाव हृदय में इतने,
कि बीत जाएगा जीवन इसे सुखाते–सुखाते।

देखता हूँ जब कोई किनारा,
याद आते हो तुम और तुम्हारे चुप नयन,
तुम्हारे ठहरे पाँव और वह शब्द भी, जो कहे थे तुम अंतिम बार
कि जरूरी नहीं है हमेशा चलते रहना

आकाश है यह! सबके लिए जरूरी कि जरूरी है इसे बचाना,
देखो तो उठाकर सिर अपना, अरे यार यह कितना सगा लगता है!
और यह इंद्रधनुष तो मेरी स्मृतियों में बैठा है,
लगता है इसमें मेरा भी रक्त रंग है।
और यहाँ से हटता हूँ तो याद आते हैं वे वीर,
जो गति को प्राप्त हुए। ...उन्हें नमन!

मेरे सीने के भीतर जो है वह पाषाण हो गया है।
पहले ऐसा नहीं था, तरल था बहता था,
फूल था महकता था, खूब सहला जाता था।
हाय मेरा हृदय पत्थर! डरता हूँ कि कहीं उछल न जाय,
और गिरकर किसी को चोट न पहुँचा दें।
मैंने धर दिया है अपने सीने पर बहुत बड़ा पत्थर!
कसकर! दबाकर! ...ढो रहा हूँ अपना पत्थर–हृदय!

मेरा वर्ष

ओ मेरे वर्ष! आ! मेरे साथ आ! साथ चलकर कुछ दिखा, यहाँ जो कुछ है।
अपना झूठ भी नहीं छिपा है। दाग पहले दिखता है यहाँ,
जैसे तुम्हें यह दिख रहा होगा कि मैं चैत के चिंतन में हूँ।

मैं लोकगीत गुनगुनाता हूँ जिसे किसी ने नहीं लिखा है,
और अपनी चक्की में पीसता हूँ गेहूँ भोर से साँझ तक,
और कभी-कभी सोने से पहले तक मेरे काम शुरू होते रहते हैं।
कर्म-गीतों और प्रकृति के सुख-सौंदर्य से विलग नहीं हो पाता,
और कभी व्यर्थ की भैरवी नहीं छेड़ता।

और वह भीलनी जो लकड़ियाँ बीन-बटोर रही थी,
मैंने देख लिया था उसमें एक सुगंध युक्त शीतल चंदन,
वैसे उसमें बबूल बहुत है।
देहाती हूँ तो क्या भाषा तो मेरी है— मिट्टी की भाषा।
मुझे पसंद है मिट्टी का स्वाद और गंध,
मैं अपनी गाय की दुलत्ती खाता रहता हूँ,
और दूध से जीत जाता हूँ बहुत कुछ

ओ मेरे वर्ष! मेरे साथ आ!
मैं बारह महीने तुम्हारे विषय में सोचा करता हूँ,
लेकिन वैशाख में कोई सहारा नहीं लेता,
सिर्फ भादों में बादल फटने और पूस में पाला पड़ने,
और जेठ में लू तपन से बचता डरता हूँ।
फिर भी मौसम तो जरूरी है।
कुछ हद तक छोटी बाढ़ भी, पानी और हवा भी।

आ मेरे वर्ष! मेरे साथ रह,
मेरी आदमीयत तो देख, मैं तेरा अपना हूँ रे वर्ष!

आ मेरे वर्ष आ!
यहाँ एक कवि बैठा है पत्रकार के साथ,
वह अब रचता नहीं, सिर्फ आसमान ताकता है,
वह डर गया है राजा से, कोतवाल से! वह अपना कवि-पन छिपा रहा है उसकी
कविता में राजा और कोतवाल लिखा है।
ओ मेरे वर्ष अपने कवि को बचा ले रे! वही तो गायक है जिंदगी का!

आ मेरे वर्ष! देख यहाँ यह बैठा है अभी-अभी, यह तड़प रहा है बार-बार,
यही पकड़े था बंदूक जब इतिहास लिखा जा रहा था,
यही अपनी लाज बचा रहा था और जवान बीवी को लेकर छिप रहा था,
यही था किसी पन्ने के हाशिए पर और खोया रहता था मुहावरों में!

आ वर्ष देख ध्यान से देख— हम ही पिटते रहे विचारों में,
और काम-सूत्रों के सार्वजनिक हुए चित्रों में लजाते रहे,
गुफाओं में रहे और फाइलों में दबे रहे हम ही,
कहीं यह भी लिखा था कि मार दो इसे! यह बहुत बोलता है मुँह पर

आ मेरे वर्ष! यहाँ कोई और व्यक्ति बैठा है जो जमीन निहारता है।

धीरे-धीरे

धीरे-धीरे छिपता और उगता है,
जैसे कि सूर्य।
सूर्य तो हमेशा साथ है,
बस हम ही रात हो जाते हैं।

किताबें धीरे-धीरे सिखाती हैं,
और धीरे-धीरे समझ में आता है आदमी का चेहरा।

धीरे-धीरे गंदगी फैलती है,
और फिर बीमार हो जाते हैं धीरे-धीरे!
और किसी दिन अचानक महामारी आ जाती है,
और सब बेखबर रहते हैं।
ऐसे मरना अच्छी बात नहीं है।

शब्दों का जादू धीरे-धीरे सिर पर चढ़ता है,
और हम उसी के हो जाते हैं।
धीरे-धीरे पर्दा उठता है,
और तब देर हो चुकी होती है।
देखता हूँ कि मालगाड़ी सामान धीरे-धीरे ले जाती है,
और तब तक भूख बहुत लग चुकी होती है।

उसे अपना राज्य छोड़ने से डर लगता है,
जहाँ स्वर्ग है धरती पर,
वहाँ भी वह जाना नहीं चाहता।
उसका मन अपनी जन्म भूमि के अतिरिक्त कहीं नहीं लगता।
वैसे बंदूकें कहीं नहीं है लेकिन बंदूक के सपने तो हैं।

यह सब हुआ है धीरे-धीरे!

बच्चे बड़े हो गए,
और बाप बूढ़ा हो गया धीरे-धीरे!
फैशन में नंगे हो गए धीरे-धीरे!

अरे साहब कितना धीरे-धीरे होता रहेगा!
लगता है कि धीरे से जीवन चला जाएगा,
और पता भी नहीं चलेगा।
साहब जी मैं धीरे-धीरे से कुछ पूछना चाहता हूँ,
कि अब क्या पूछ लूँ आपसे?
आप तो सब झूठ ही बोलते हैं!
और जवाब भी नहीं देते।

साहब जी जा रहा हूँ अपने घर धीरे-धीरे!

एक मोड़ पर

ठहरने की कोई जगह नहीं।
तय किया था लम्बी दूरी— रास्ते-दर-रास्ते।
सड़क किनारे थे मकान-दर-मकान, कि जगह नहीं पेशाब करने की,
और शौच का मन हो तो कोई काम याद नहीं रहता—
माँ-बाप, भाई-बहन, ईश्वर-अल्ला कोई नहीं!
पानी पीने की भी कोई जगह नहीं।
कितनी देर तक थूक बटोरकर घोटते रहें।
और मैं बैठ गया कि अखबार में लिखा था—
फला घटना एक दुर्घटना में बदल गयी है।
और यह साहस कि इसकी जिम्मेदारी एक उग्रवादी संगठन ने ले ली है।...
और छपा था कि बाँध भर गया है, फाटक खुल गये हैं,
यह पानी पीने योग्य नहीं है।
और बस्ती प्यासी है, और बस्ती बह गयी है।

आगे वाले मोड़ पर एक नीम का पेड़ है।
एक रिक्शेवाला छाँह में बैठा है— यह सुख बेहतर है।

वह दो-चार मील के रास्ते का जीवन समझता-जानता है।
वह लीक पर चलने वाला मुहावरा नहीं जानता। वह दिमागी सुख जीता है,
हाँ कभी-कभी भूखा सो जाता है, यह तो उसकी आदत है।
और कभी कई दिन तक वह बुखार में भी तपता है,
लेकिन कोई तनाव नहीं रहता।

सरकार का चेहरा गिरा था किसी मोड़ पर।
लेकिन गिरा क्यों! ...सरकार बेरोजगार तो नहीं है!
उसे मँहगाई भी नहीं सताती, वह बीमार होकर अस्पताल में तो कतई नहीं।

लेकिन सरकार गिरकर भी मोंछ टे रही है,

उसके घर के ऊपर घर बन रहे हैं।
वह किसी भी मोड़ पर खड़ी होकर ऐसी-तैसी कर सकती है,
मुकदमें चला सकती है, किसी को जबरदस्ती जेल में बन्द कर सकती है,
शांत व्यक्ति को अपराधी घोषित कर सकती है।
हाथ सरकार के पास है और पीठ जनता के पास।

हम किसी मोड़ पर ठहरकर अपनी बात नहीं कर सकते।
किसी दोस्त से सही-सही बतिया नहीं सकते। हम सरकार के पक्ष में हैं,
चुप रहेंगे सरकार की कर्म क्रिया पर,
और विपक्ष में हैं तो बोलती बंद। सरकार को सलाम!

ओह! इस मोड़ पर एक बूँद सागर से लड़ रही है।
लेकिन बूँद ठहरी कैसे हैं यहाँ, और आया किस रास्ते से सागर!
भाई हो! कल्पना तो हम कर ही सकते हैं, जब ठहरते हैं किसी मोड़ पर
जैसे, कफन पर फूलों का क्या काम। फूलों का भी अपना जीवन है,
और किसी के कोट में क्यों?
यह तो फटी कमीज़ पहनने वालों का अपमान भी हो सकता है
गांधीजी ने एक धोती पहन रखी है, मैंने फोटो में देखा है

प्रेम एक जाल है, यह जानते हुए हम फँसते हैं और धोखा हो जाता है। सब चला जाता है और पता भी नहीं चलता। प्रेम में गीत भी होता है। यहाँ प्रेम गीत मजाक लगता है। प्रेम कभी प्रेम जैसा हो कि लगे प्रेम है, जहाँ गीत अनायास आता है।
जहाँ सब कुछ आता है लेकिन झूठ नहीं,
और तब पता चलता है कि प्रेम है प्रेम!
जैसे कि किसी पौधे ने एक फूल खिला दिया है,
और वह कुत्ता निकट बैठकर चित लेट गया है,
वह गाय चाटना चाहती है कंधा,
और वह मेरा भाई मेरे साथ खाना खाता है।
पत्नी गीत गाती है, वह गायक नहीं है और कुछ व्यर्थ इच्छा नहीं रखती।
पिता नहीं चाहते बेटे की कमाई उन्हें मिले।

माँ तो माँ है, शब्द हो तो कहें माँ के अतिरिक्त कुछ नहीं आता।

प्रेम किसी देश का नाम है न किसी राजा का न तो किसी रास्ते का,
प्रेम को सेना नहीं, मुकदमा भी नहीं,
प्रेम को चाहिए एक मधुर रास्ता शांति का।
और कोई मोड़ आ जाता है प्रेम में तो सुस्ताने का मन करता है,
बतियाकर मुस्कुराने का भी, पानी पीकर तृप्त होने,
और हवा का हल्का का झोंका भी कि थोड़ी सिहरन का मजा।
चलो चलें राजा को प्रेम बताएँ और कहे—
कि प्रेम से ही जीवन की शुरुआत होती है।

चलो कहे किसी से जो सुने प्रेम।
प्रेम को इसी मोड़ पर रोको और विश्राम करने दो,
प्रेम को तमाम विषयों में सोचने दो!
कहो प्रेम से कि अब शरीर ढोया नहीं जाता,
यह शरीर की चौथी अवस्था है,
और अब यहाँ कोई मोड़ नहीं दिखाई देता है साफ-साफ,
और दूर तक की यात्रा है जो खत्म नहीं होती,
वहाँ तक जहाँ तक कुछ जलती आग दिखाई देती है।

दाना

मैं जोर से हँसा। मेरे हाथ में खाने लायक दाना था।
मैं कोई नाटक नहीं कर रहा था।
सचमुच मैं खुश था मारे खुशी के नंगा हो गया था,
और भूल गया था अपना दाना।

जीवन भर दाने की खुशी बाँटता रहा और भूखा नंगा रहा।

यह दाना मेरा ही था, जिसे मैंने पाया था,
और नंगा रहना तो मेरी आदत है।
कहाँ मिलता है कुछ भी कि रख लूँ गुप्त!
मैं रोज दाने बाँटूँगा भले चिथड़ा पहने रहूँगा।

दाना जीवन है—
यह सरकार को समझ नहीं है क्या! और वह किसान से लड़ती रहती है।
किसान के पास लड़ने का कोई उपकरण नहीं है,
वह दाने दिखाता है। सरकार हँसती है कि कितना भोला है यह!
दाना तो वह जब चाहेगी बोरों में भरकर ले जाएगी।

मैं किसी धर्म जाति का नहीं हूँ। मैं एक दाने वाला हूँ,
मंदिर के आगे बैठा दाना खिलाता हूँ, जो चाहते हैं दाना।
और उस मस्जिद गुरुद्वारे और चर्च के आगे भी कोई नहीं पूछता,
कि दाने वाले तुम कौन हो ?
मेरे पास दाढ़ी है न मूँछ, न पगड़ी, न चोंगा, न टोपी।
मेरा अपना चेहरा है और मेरी फटी क़मीज़।
मेरे हाथ में दाने का दोना एक जैसा है,
वह किसी धर्म जाति का नहीं है, उसे कोई भी ले सकता है।
मैं जानता हूँ कि दाना खत्म हो जाएगा तो सरकार भी नहीं बचेगी।
बचाओ! दाना और अपनी सरकार!

एक बहस

कुछ मिला ? नहीं तो !
कोई फूल खिला ? नहीं तो !
तुमने सुनी चित्कार डरावनी ? नहीं तो !

तुमने देखा चिंतन की एक नई धारा बह रही है ? हाँ तो !
वह बरफ पिघल गयी है, बहुत गर्मी है,
तुमने देखा ? हाँ तो !
वह बहुत कठोर है गोड़–हाथ काट सकता है,
मुँड़िया ऐंठ सकता है।
तुमने उससे बात की ? हाँ तो !
वह बदला नहीं है और उसे बदलना चाहिए, दुनिया ऐसे नहीं बनती।

तुमने कबीर को जाते देखा है ?
हाँ, वह बनारस छोड़ चुके हैं,
और रैदास ? वे अभी भी संघर्ष कर रहे हैं, जूता पालिश कर रहे हैं,
लेकिन मन के कितने चंगे लगते हैं ! लोग तो यही कहते हैं !

यह कितना ठोस है लोहे जैसा इससे औजार बनाना चाहिए।
अरे यह तो पूरा हथियार बन गया !
यह ईंट पूरी तरह पक चुकी है इससे घर बनना चाहिए।
अरे यहाँ तो ईंट से ईंट बज रही है,
वह किसी का भी सिर फोड़ सकती है

यह घोघा बसंत नहीं है,
यह समझता है कि इसे कोई नहीं समझता।

क्यों बहस में फँस गए हो और हाँफ रहे हो,
थोड़ा पेट पर हाथ धरो और अपने कंधे देखो!
कहीं बर्फ तो नहीं जम गई है, थोड़ा पिघलने भी दो!
फेंको खुद खुज्झा, थोड़ी रोशनी छोड़ो भी!
वैसे तुम्हें करने नहीं दिया जाता कुछ भी जो करना चाहिए।

वह खूब हँसने की कोशिश में रहता था,
कि कहीं वह शांत होकर बुद्ध न हो जाए,
और वह झगड़ता रहता था।
स्वरूप बदलता की कोई पहचान न ले,
कि यही लड़ा था बुध से,
और बाद में यही था कबीर से लड़ता हुआ।

वह सड़ चुका था, बदबू आती थी,
या दुर्गंध कहाँ से आ रही थी और किसी को पता नहीं चला!
भीड़ बिना नाक बंद किए आती जाती थी,
और दीवारों के बीच निकलती रहती थी,
और किसी खाई में गिर कर संतोष कर लेती थी।

वाह! भाई वाह!

पढ़ने वालों की आँख खुली है, सुनने वालों के कान खुले हैं।
झगड़ा लगाने वाले शब्द वाक्य नहीं आते नजदीक।
ऊपर चढ़ना आसान हो गया है,
और पतीली में क्या पक रहा है सब जानते हैं,
एक दाना देखकर पता करें कि पका है कि नहीं।
और यह तो आप की ही मर्जी है!

सभी संगठन आपस में मिल गए हैं।
सभी प्यार से बोल रहे हैं— कबीर दास!
समय कितना मजेदार है!

अब पूरे देश में खूब बहस हो रही है, और सामने सार्थक आ जाता है।
अब खूब प्रश्न पूछे जा रहे हैं,
और किसी की फसल कोई नष्ट नहीं कर रहा है। खुश हैं किसान।
और सुनो! जवान हो तो काम पर लग जाओ!
बहुत काम पड़े हैं, चलो पेड़ लगाएँ!

अब मैं कहीं नहीं जा रहा हूँ,
मंदिर, दरगाह, मस्जिद, चर्च और गुरुद्वारा तो पास में ही है।
— नहीं जा रहा कहीं मैं!

और बेवजह जुलूस नहीं निकलता,
और देश बंद तो होता ही नहीं।
वैसे भी अब आदमी सुरक्षित हो गया है, जैसे देश का झंडा।
बहस जो हो रही है!

...समझ में आ गए हैं बुध और कबीर!

कि कोई गुजरा है अभी

तब स्कूल की छुट्टी सोचता था,
और परिणाम की प्रतीक्षा रहती थी।

बीस बरस के बाद प्यार ने घेरा,
और बिना प्यार किसी से हुए प्रतीक्षा में खड़ा रहा।
व्यर्थ हुआ समय और व्यर्थ ही खर्च हो गया दिमाग।
कि डर नहीं लगा पार करते सड़क, कि आ गया था तेज ट्रक।
सूत्रों को समझते हुए, समझ नहीं सका था प्यार का रहस्य।

अब तो बच्चे पत्नी और घर है और रास्ता भी देखना है,
कि कोई इंतजार में है चलो घर रास्ता निहारते हुए।
कि कब दिख जायँ बच्चे और पत्नी सब्जी का झोला लटकाए।

चाहे जितना बतिया लो, अंतिम प्रतीक्षा तो करनी ही पड़ेगी।
प्रणाम... श्रद्धांजलि... कि कुछ आँसू की बूंदे हैं साथ।
बाकी तो सब शेष हुआ जाता है।
मैं शीघ्र ही प्रतीक्षा की कतार में पंजीकृत होना चाहता हूँ।
चलो हो चुका यह जीवन भी!

कोई पंक्ति होना

वह वहाँ होकर उठ गया है।
वह वहाँ रहा और यहाँ भी।
वह अपना स्वर ऊँचा करता रहा जहाँ रहा!

वह तारीख से पहले उलझ गया था,
फिर भी गाता रहा और कुछ न कुछ बताता रहा।
आज भी और तब भी वह अपने काम में खो जाता है।

वह बिना जान परान का फिर भी बीज बोता रहा,
वह चाहता था एक जीवन होना और लय नें रहना।

उसे प्रवाह पसंद था,
उसने अंतिम इच्छा में कहा था—
मैं संवाद करना चाहता हूँ, मुझे बोलने दो!
मुझे हिस्सा बनने दो!
मेरा विस्तार है हमारा होना और तुम्हारा भी।

वह धरती को समझता था,
आकाश की समझ भी काम चलाऊ थी।

वह साइकिल चलाना जानता था, नाव खे सकता था,
खेत जोतना और सामान बेचना भी आता था उसे।
बच्चे पालना और झगड़ा करना, वह बहुत आसान काम समझता था।
हाँ, वह कागज का जहाज बनाकर कई बार उड़ा चुका था।

वह अपनी मेहरी के साथ महुआ बीनता है।

वह मधुरस बना सकता है और नशे में झूम सकता है,

लेकिन वह महुआ सुखता है,
फिर महुआरी और लाटा बनाता है, बच्चे खुश रहते हैं।

एक दिन वह एक अँजुरी पी लिया था मधुरस,
वह भागा जा रहा था, मेहरी पीछे पड़ी थी,
वह जानती थी कि आज वह समुंदर से गहरा और आकाश से ऊँचा रहेगा,
वह अपने को दीवान समझेगा तो बहुत डाँटेगा,
लेकिन वह दूर नहीं गया था,
वह उसी टूटी पुलिया से बतिया रहा था,
जहाँ वह रोज बैठता था।

वह कहाँ है, यह जानना चाहता है,
यह कई दिनों से उसको खोज रहा है,
कि वह मिले तो बताऊँ और कहूँ, कि यह मैं हूँ और वह तुम हो!

एक दिन यह भी

पूरा जीवन दूसरों को सँवारने में लगा रहा।

वह अंत में खाँस रहा है, कोई नहीं है पानी देने वाला।
वह अपनी पीठ दीवार में रगड़ता है सहलाने जैसा,
उसे खाँसी नहीं है। अब वह नहीं है!

वह जब था आग बुझाता था, पानी बचाता था,
मच्छर भगाता था, साँप को पहचानता था।
अब कोई नहीं है ऐसा एक दिन जो कोई समझ सके!
जी हाँ, कहाँ कोई मिलेगा—
बुझाने बचाने भगाने और पहचानने वाला एक व्यक्ति!
कौन ले जाएगा अस्पताल

वह खिलाता रहा, ओढ़ाता और पढ़ाता भी... वह भूखा रहा,
ठंड में कापता रहा और गर्मी में झुलसता रहा,
वर्षा में भीगकर मौसमी बीमारी झेलता रहा,

कौन था वह? जो चला गया एक दिन!

अखबार का पृष्ठ सामने खुला पड़ा है।
खबर है कि किसी एक दिन अचानक ऐसे ही समय बदल जाएगा,
और वह नहीं आएगा कभी भी। तुम सब मूर्ख हो गए हो!

कंजूस

कितना आसान है अनपढ़ होना,
जान छूटना कि बाहरी दुनिया से बेखबर रहना।

आप सोच सकते हैं कि कैसा लगेगा जब पैसा नहीं होगा।
बिना कुछ पढ़े लाज नहीं आएगी,
भाई साहब पैसा और अक्षर महान है!

भीख माँगना भी आसान नहीं है, यह एक कला है,
यह एक स्वतंत्र कार्य है।
सिर्फ हाथ पसारने आना चाहिए,
और रोपे गए हाथ की भाषा।
चलो देखें! किसी मंदिर के आगे बैठे अपाहिज और बूढ़े,
यह भी जिंदगी ही तो हैं!

वह कहता है आसमान देखो,
और कुछ खर्च न करो,
यहाँ पैसा नहीं लगता हवा खा लो,
भर लो छाती में, कुछ देना नहीं है,
और उधार भी नहीं चढ़ता।

वह देने वाली जगह पर जाता ही नहीं,
और अपनी रोटी छिपाकर खाता है, आप नाम मत पूछिए,
मैं बता नहीं सकता, वह मेरे घर में रहता है।

उसके घर में हवा रखी है,
धरती खोदकर मिट्टी भी जमा कर लिया है।

पानी पीने की बोतल उसके यहाँ बनती है,
समय कम है खुद ही जानिए उसके पास क्या है।

हाँ मैंने देखा है उसके यहाँ लोकतंत्र भी है गठरी बना हुआ,
और वह खर्च करना नहीं चाहता, किसी को देना तो दूर।

सुनो! खूब खर्च करो सही जगह और दुनिया जान लो!
जी–जान से करो जहाँ हो! और जीवन समझ लो!
धरती से सीखो और देखो वहाँ जहाँ तुम खड़े हो!
और मिट्टी की सुगंध सूँघ लो!

उसको छोड़ो वह पीड़ा देता है,
हाँ समझ के बाहर है वह,
वह अपने पैसे इतनी बार देखता छूता है, कि उसका नंबर मिट जाता है।

उसके पास कुछ भी नहीं है, न गीत न संगीत,
हवा पानी और गमले के लिए मिट्टी भी नहीं,
उसकी गठरी खुल गई है लोकतंत्र की,
और पहुँच गई है खुली गठरी गाँव में।

वह दुर्दिन झेल रहा है,
चलो कुछ दे आए उसे,
वह व्यक्ति है, उसे बचाना चाहिए!

सेवा में... नमस्ते

मेरा यह पत्र राजा के पास भेज दो, उन्हें मेरा आदर कहो!

राजा जी! आपने कहा था कि पौष्टिक आहार लें, बीमारियों से बचें।
आपने प्रचार पर बहुत खर्च किया था,
यह धन आपने हमसब से ही लिया था,
यह दुरुपयोग है हमारे श्रम का राजा जी!
हमारा पसीना लजा जाता है जब आपका पोस्टर देखता है।
यह कैसा राजा है जो हँसता है महँगाई पर!

राजा जी! आपको लगता है कि हमारा पेट भरसाईं जैसा है,
सही बात है कि हम सब कुछ पचा लेते हैं— साग-सब्जी, आटा-चावल,
दूध-दही, अंडा-मांस, कच्चा-पक्का बासी-तिबासी। जी हाँ अंड-बंड सब।
हमारे पेट की जठराग्नि तेज है।
हाँ राजा जी! हमारे पेट में भ्रष्ट धन नहीं पचता,
हमें भ्रष्ट भूत मार डालेगा, हमारे पास कोई गुनी ओझा भी तो नहीं,
आपके पास तो कई हैं, और भारी तनख्वाह भी लेते हैं।
और मैं तो भ्रम में था! राजाजी! आपका पेट तो और मजबूत है,
आप लोहा-लक्कड़, ईंट-पत्थर, और दुनिया की सब चीजें पचा लेते हैं!

वैसे मैंने पूरा जीवन जी लिया है करीब-करीब, इसी नून तेल रोटी पर।
यह भी जान लिया हूँ कि प्राइमरी स्कूल के बच्चे खा रहे हैं, नून रोटी,
पौष्टिक आहार के नाम। उनकी बुद्धि तो तेज होगी न राजा जी?
आप क्यों नहीं बैठ गए थे स्कूल की पिछली बेंच पर?
बिना किसी को बताए खांकर नून रोटी।

मैं एक मजदूर हूँ राजा जी! मैंने दूसरा पोस्टर भी देखा है आपका,

कि भविष्य के लिए पैसे बचाओ। वैसे पूरा महीना बीत जाता है,
और उसमें दो-चार दिन तो एक टाइम ही भोजन मिलता है,
कपड़ों में पैबंद लगे हैं, पैंट की चेन टूटी है, वहाँ आलपीन लगा लिया हूँ।
एक चप्पल रस्सी के सहारे हैं।
राजा जी आपका भविष्य सुरक्षित है न ?

राजा जी ! मैं कहाँ जाऊँगा अपना गाँव छोड़कर,
बस इसी पुलिया पर बैठकर मन बहला लेता हूँ,
कभी किसी बड़े शहर में चला जाता हूँ मजदूरी करने,
लेकिन वहाँ कुछ देख घूम नहीं पाता।
हाँ, वहाँ जूते और पुराने कपड़े बहुत सस्ते मिलते हैं सड़क के किनारे,
और दोपहर में ठेले की पकौड़ी तो दोपहर के काम की ताकत है।
यहाँ भी बड़ा सा पोस्टर दिखा कि घूमना जरूरी है,
देशाटन करें लाभ उठाएँ— पर्यटन विभाग।
खाली जेब लिये मैं कहाँ जाउँ राजा जी !
मेरी ओर से आप घूमिए, मैं एक रोटी कम खा लूँगा।

राजा जी ! आप मेरा पत्र पढ़ लेंगे तो समझूँगा कि मुझे मोक्ष मिल गया।
हम संतोषी हैं, बिना कुछ मिले खुश हो जाते हैं— सिर्फ आशीर्वाद पाकर!
हाँ, एक निवेदन है कि आप मेरे घर जरूर आइएगा,
मैं आपको पकौड़ी खिलाऊँगा, असली दूध की कड़क चाय पिलाऊँगा,
लेकिन किसी व्रत वगैरह में मत आइएगा,
वैसे भी हम रोज खाना चाहते हैं, भले नून तेल रोटी हो।

नमस्ते,
आपका ही— ढिकाने
स्थान— प्रदूषित नदी के किनारे का गाँव— कीचड़पुर
तारीख— आप के राजतिलक के बाद की तारीख— बत्तीस अप्रैल

एक सहज गुस्सा

वह देखता है दूरदर्शन पर तमाम धारावाहिक,
और फिल्में और समाचार।
वह कहता है पाँच मिनट और बैठ जाता कई घंटे।
वह बात करता है न घड़ी देखता है।
बिजली चली जाती है तो बिजली पर आँख तरेरता है,
और रिमोट के खराब होने पर वह उसे बक्से में बंद कर देता है।

वह खूब दौड़ता है,
और मार खाता है मालिक से।
वह हँसता है खूब तो घर में कोई खाना नहीं देता।
वह रोता है तो कोई उसे नहीं देखता।

वह दाँत पर दाँत चढ़ाकर सोचता है, घाव सहलाता है,
दो सूखी रोटी नमक प्याज के साथ खाता है।
वह अपनी आँख पोंछकर किसी और को देखने लगता है।

वह जीवन का लेखा-जोखा नहीं चाहता,
उसे पता है कि कौन कान में तेल डाल कर बैठा है,
और किसके कान में कई साल से जमी खोंट है।
उसे यह भी पता है कि चाहे कुछ भी हो भोगना उसे ही है।
एहसास भी उसे है लेकिन वह कम बोलता है,
हाँ, गुस्सा ज्यादा करता है जो ठीक नहीं।

कल वह अपना टेलीविजन पटक देगा,
और मलवा कूड़े वाले को दे देगा,
यह काम वह चुपके से करना चाहता है।

वह भुनभुनाता है—
आखिर टीवी में कौन सी खबर है जो देखने लायक है!

दोस्तों ने कहा था—
गुस्सा करते हैं तो पता नहीं चलता कुछ,
लगता है कि बिना कुछ कहे जिंदगी बीत गई,
और कभी यह भी लगता कि नथुने फुलाते, कभी हाँफते,
कभी पसीने-पसीने होते,
कभी मुट्ठी भींचते जिन्दगी बीत गयी।
बोलो कुछ!
वह अपना माथा ललाट रगड़ रहा था,
जहाँ रेखाएँ उभर गयी थीं।

बहुत नुकसान कर गया गुस्सा!
वह अब बहुत सहज रहेगा,
और किताब से गुस्से वाली लाइन हटा देगा।

देखो! अब वह बोल रहा है— जय हिंद!

बड़ा आदमी

मैं जिनके पैरों पर गिरा था, वह बड़ा आदमी था।
मैंने कहा— राम और कृष्ण।
वह बोला— राम-कृष्ण का नाम न लेना, बहुत झगड़ा है रे!
कोई एक नाम लो तो दूसरा नाराज हो जाता है।
और मेरा काम बिना इसके चल जाता है।
और मैं लोकतंत्र का आदमी हूँ, यहाँ राम-कृष्ण की बात क्यों!

बड़े आदमी के माथे पर रेखाएं उभर गई थीं।

मैं बड़े आदमी के पास बैठा था,
मैंने कहा— बुध और मुहम्मद।
वह बोला— तुम मेरे पीछे न पड़ो!
बुद्ध को कौन समझता है! सिर्फ चित्र टाँगते हैं,
और ताखा पर उनकी मूर्ति रखते हैं,
कौन गया है बुद्ध की शरण में बोलो तो!
झगड़ा ही खत्म हो जाए यदि बुध के पास गए!
और मुहम्मद की बात नहीं करूँगा, यहाँ आलोचना नहीं हो सकती,
हम अपनी बात नहीं कह सकते, यहाँ ठहरा हुआ पानी है,
जिसमें हम नहाते रहते हैं।
महान मुहम्मद को भी ठीक से किसी ने समझा है क्या!

मैं बड़े आदमी के आगे किताब खोले था।
मैंने कहा— गांधी और मार्क्स।
वह बोला— गांधी बड़े आदमी थे,
आजादी के आंदोलन ने उन्हें महान बना दिया,
लेकिन वे आलोचना से बचें नहीं, उनकी जान गई थी।

बहुत कठिन है अच्छे से रहना, और पूरी तरह बड़ा होना।
हाँ, मार्क्स ने दिया था दर्शन।
यहाँ भी बहुत ऐसे थे जो मार्क्स से सहमत नहीं थे।
भला रोजी-रोटी से कौन करता है समझौता!
और जहाँ अलौकिक शक्ति का झाँसा हो तो...
मालिक कोई और ही है, जैसे भगवान ही मालिक!

पता नहीं क्यों बड़ा आदमी खड़ा हो गया, और डाँटा—
अब कभी नहीं मिलना, तुम अपनी चतुर चलाकी अपने पास रखो!
मैं मूर्ख नहीं हूँ कि अपना बिगाड़ लूँ,
खबरदार फिर कभी नाम न लेना इनका!
इतने बड़े लोगों के रहते यहाँ यह दशा!

वह खाँसने लगा, गले में खखार अटक गई थी, वह जोर से थूका।

करीब दो बरस तो बीते ही होंगे।
मैं तीसरी बार बड़े आदमी के घर गया,
वह पहचानता था मुझे और चुप था।
खादी के थान पर सूट का कपड़ा रखा था।
वह सब्जी नहीं चाहता था,
वह गेहूँ के बदले फूल गुलाब माँगता था।
प्यार छीलने की रफ्तार तेज थी,
और संसार को शून्य बताता था,
उसके पास कई मकान थे और खेत भी।
वह महँगी मछली खाता और ताकत के लिए सूप पीता था।
वह मोल-भाव का माहिर था,
सबके दिमाग में उसे भूसा दिखता था, वह खाना चाहता था।
आश्चर्य कि वह अर्थव्यवस्था के लिए आदमी की खाल तोल रहा था।

मैं उससे लड़ना चाहता हूँ,
अपने खर्च समय का हिसाब भी चाहता हूँ!

मैं हाथ खोलकर अपने पड़ोसी के घर में हूँ।
वह बहुत साधारण है, परिभाषाएँ नहीं जानता, व्याकरण भी नहीं,
उसकी अपनी भाषा है। वह नए संकेत नहीं समझता,
वह गुब्बारों में हवा भरने का काम करता है,
उसे पता है कि यहाँ हवा कितनी देर तक फूली रहेगी।
उसका कोई वास्ता नहीं है मित्रों से,
वह गेहूँ के भाव जोड़ता घटाता है और गुब्बारे बेचता है।

मेरे घर के बगल में एक सूत्रधार रहता है।
मैं उसके दालान में जाता हूँ तो वह धार की बात करता है।
वह आता है तो सुनाई देती है चप्पल की चट्ट-चट्ट।
वह चुटकी बजाता है, लात मारता है,
और कसकर गला साफ करता है—
अंधेरा है... सवेरा है... भीड़ बेवकूफ है...
भीड़ पत्थर में विश्वास करती है...
कई कविताएं भीड़ सुन चुकी है...
पागल हो गई है भीड़...
वह मुहावरों और नारों को जीवन और खुराक समझने लगी है।
उसे ठीक वक्त पर नहीं आते गेहूँ के दाने और उसका भाव।
बड़े आदमी का एक उपक्रम है भीड़ पर,
देखिए आगे! सूत्रधार कहता है...

यह हमारा है

ये चिंतन, ये मानर के गीत, ये हँसी-मजाक हमारे हैं—
सोचते हुए एक फलदार वृक्ष लगा दिया।
और गाते हुए तैयार हो गया एक नया गीत
रंजन में भी विश्वास बन गया कि यह मजाक नहीं है,
और मेरी हँसी भी मेरे मन-देह की देखभाल करने लगी है।
यह कितना अच्छा है कि मेरा अच्छा और तुम्हारा भी।
तुम थोड़ा सोचो! मैं भी सोचता हूँ!

हाँ यह चक्की अपनी है,
साबूत पीसकर काम लायक बनाती है,
और खूब मजे से रोटी की मिठास का मजा देती है,
और जब गर्म होती है तो नून तेल से भरपेट खाई जा सकती है।
घर की बनी गरमा-गरम रोटी!

यह हँसिया मेरा है और बहुत प्यार करता है,
खेतों में जब धान गेहूँ काटता है तो मेरी ओर ही जाता है,
और चर्र से काट देता है फसल।
हँसिया को धन्यवाद!

यह पशु मेरा है,
बिना खूँटे और रस्सी के रहता है,
और स्थान नहीं छोड़ता,
इस पेड़ को तो कहो मत!
यह मुझे देखकर अपना फूल खिला देता है,
पड़ोसी यही कहते हैं।
और तुम्हारे यहाँ भी कोई पशु-प्राणी है क्या?

वहाँ रस्सी खूँटा है? और वह पेड़ तो फूल खिलाता ही होगा!
कुछ बोलो तो! और जाओ देखो मेरे जैसा है कि नहीं!

मैंने कहा था ज्ञान कहीं भी मिल सकता है,
गुफा में तो डर लगता है।

हम तो अपना घर बनाने में लगे हैं,
क्या पूरी सामग्री ज्ञान की यही मिल सकती है?

हमारे पास बहुत कुछ है—
जैसे पत्तियाँ जो झड़ गई हैं,
वसंत से पहले पहाड़ से गिरे हुए पत्थर,
जिन्हें गढ़ा जा सकता है,
और जैसे यह शहर जहाँ बेखटक घूमा जा सकता है।
है तो हमारे पास! सोचो क्या है तुम्हारे पास!

और हमारे पास एक गुहार है,
जो राजा से लगाई जा सकती है।

जिन्दाबाद

वह वहाँ से ऊब गया था, और चला आया जंगल अपने पिता के साथ।
यहाँ कोई शहर नहीं है, वह ऊँच-नीच भी नहीं देखता यहाँ
वह कई बरस की मेहनत के बाद समतल बना चुका है जमीन।
और वह धान-गेहूँ से भरा रहता है।

कई घर बन गए हैं उसके घर के पास,
यहाँ कोई चोर है न डाकू। यहाँ आतंक नहीं जानते लोग, ।
धान रोपते, आम के पेड़ अगोरते, जौ पछोरते, बाजरा कूटते-छाँटते,
गीत गाती रहतीं औरतें बहुत सुन्दर लगती हैं।

कितना खुश है वह, जैसे वह बहुत बड़ा धनी हो!

बाजार से अनाज, दूध,, फल, सब्जी, बेचकर वह आता है।
और पैसे गिनता है, वह जानता है कि बहुत कम मिला है आज।
वह आकाश निहारता है और फिर अपना खेत और पेड़।
वह इसी वजह से खुश है कि चलो उसका सामान बिक तो गया,
लेकिन थोड़ा उदास है कि उसकी झोली कभी भरी नहीं,
और वह दे आता था हर बार एक बोरा, दो बोरा, कई बोरा!

उसके चाचा कहते थे कि घर से दूर कभी न जाना,
शहर में तो कतई नहीं, सचेत रहना जब बाहर निकलना,
हर जगह बेकार की बातें हैं, जुमले हैं, ठग और घूसखोर हैं,
तुम बहक जाओगे, झूठ को ही सत्य समझ लोगे,
और गँवा दोगे अपनी गठरी, और मुझसे झगड़ा करने लगोगे,
हिस्सा बाँटने का मन करेगा, फिर तो खेत और दिवारें रोने लगेंगी।
देखो! अपना जंगल तो जिंदाबाद है! चाचा यही बोले थे।

बिन्दु

रामचंद्र ने कहा—
मेरा भाई है कृष्णचंद्र जो केंद्र में बैठा है।
वह मुझे छोड़ चुका है,
मैं कृष्ण के बिना ही खेत बनाता-घूमता हूँ,
और अपने खेत का अनाज घर ले आता हूँ,
देसी हूँ जी खाँटी देसी!

वह हल जोतने के कोण और भुरभुरी मिट्टी को जानता है।

क्यों कृष्ण का तनाव बढ़ता ही जाता है,
वह अवसाद की दवाई लेता है।

रामचंद्र मिट्टी के घर में आराम से है,
उसे जरूरत नहीं पड़ती वातानुकूलित कक्ष की,
और वह जाड़े में हीटर भी नहीं जलाता,
उसके घर में बिजली है
लेकिन एक ही बल्ब जलता है।

उसका गोबर से लिपा-पुता आँगन होता है,
उसका मुस्कान भरा मुख सुखी है,
खाट पर बैठा है वह बीच आँगन में,
जरूरत से ज्यादा कुछ खर्च नहीं होता, जैसे पानी,
रामचंद्र को कोई चिंता नहीं है!

कृष्णचंद्र को सर्दी-गर्मी सब सताती रहती है,
कृष्ण का मौसम किसी और पर निर्भर हो गया है।

चकाचौंध से उसकी आँख खराब है,
और बढ़ रहा है उसके चश्मे का नम्बर।
कृष्णचंद्र की किसी से नहीं पटती।

रामचंद्र के दोस्त पूरे गाँव में हैं, उसकी शत्रुता किसी से नहीं है।

रामचंद्र के द्वार पर चाँपाकल लग गया है,
खुश हैं पड़ोसी मीठे पानी से।

कृष्णचंद्र के पास स्विमिंग पूल है, जहाँ रोज पानी भरा जाता है।
कृष्णचंद्र को त्वचा का रोग हो गया है।

और कोई फुंसी नहीं है रामचंद्र की देह में।

कृष्ण चंद्र के घर भला कौन जा सकता है!

और रामचंद्र के द्वार पर आए दिन चौपाल लगती है,
ठहाकों में जीवन जीता रहता है वह।

मिट्टी में गौरव है और सुगंध,
यहाँ कोई धर्म नहीं है, जाति तो कभी फटकती ही नहीं।
और मिट्टी के पास कोई गणित नहीं है, न गिनती न पहाड़ा।

गाँव चाहता है कि दोनों भाई मिल जाएँ तो मजा आए।
वैसे कह कर गए थे कृष्णचंद्र कि वे जल्दी ही गाँव लौटेंगे।
अब वे जब भी आयेंगे शायद वे पहचाने न जायँ।
उम्र भी कोई चीज होती है भाई साहब!
और कृष्ण के पास तो शोहरत भी है और दौलत भी।

बीहड़

बीहड़ एक सोच है, चिंता में डूबा हुआ व्यक्ति बीहड़ है।

वह चाहता है— अन्न, फल, फूल और घने वृक्ष...

वह देखता है कि उसके अंदर कितना घना बीहड़ है,
और वह कुदाल लेकर जुट जाता है, खोदने- गोड़ने में,
उसे विश्वास है अपने अन्न पर!

उसके आगे एक नदी है और उसमें घड़ियाल हैं,
पानी पीना मुश्किल काम है यहाँ, फिर भी इसी पानी से जीते हैं लोग।
जीना जरूरी है, चाहे वह हो या घड़ियाल।

बीहड़ से डरना मना है, इसे बनाइए जैसा आप चाहते हैं अच्छा।
और डाकू भी तो आदमी है, उन्हें किसान होते कितनी देर लगेगी भला!
डाकू डरते भी नहीं, वे घर बना सकते है,
बच्चे पाल सकते हैं, वोट दे सकते हैं,
वे आदमी है, सिर्फ आदमी! डाकू नहीं— वह यहीं कहता है।

एक बार बीहड़ में फूल उगाने की जरूरत है,
और कुछ मीठे गन्ने, पीने का पानी, खेती का पानी,
और घर बनाने के लिए भी पानी, और पेड़ हवा छाया ,
और सुन्दर परिवार, बच्चे... और स्कूल,
और बुखार आने पर दवाई-घर, अस्पताल...

बीहड़ बड़ा सुन्दर लग रहा है,
क्यों आदमी जी! मैं ठीक कर रहा हूँ न!

दिमाग है !

रामदयाल टीचर और किसान हैं,
उनके दिमाग ने काम करना बंद कर दिया है,
वह खुद सोच नहीं पाते,
अब वे पढ़ाते हैं न खेती करते हैं,
दिमाग से वे दूसरों पर आश्रित हैं।
पता चला कि वे किसी नेता की सभा नहीं छोड़ते थे,
उनके दिमाग पर भाषण ने खूब काम किया है।

रामदयाल स्कूल जाते हैं, और राजनीति करते हैं,
और उनकी पत्नी खेती सँभालती है।
स्कूल के बच्चों में किसी पार्टी का घोषणा-पत्र घूमता रहता है।
और खेत उनकी पत्नी से प्यार करते है,
जिसका अन्न खाकर वे पत्नी से लड़ते हैं,
वैसे तो उनका कुर्ता इस्तरी हुआ करता है।
उनकी पत्नी घुटने तक साड़ी खोंसे खुश है,
कि खेत अनाज से घर भर देंगे।
और रामदयाल उदास और परेशान है,
कि उसे कोई पार्टी में बड़ा पद नहीं मिला।
मुस्कुराती पत्नी और रामदयाल के टेंशन को देखा जा सकता है।

अर्जुन सेना में है।
वह घर आता है तो फौजी नियम लगा़ता है।
अर्जुन को पता नहीं है परिवार का समाजशास्त्र,
वह बाजार से सामान खरीदना नहीं जानता,
वह जानवरों से तो बात कर ही नहीं सकता।
क्या हो गया है अर्जुन को ?

उसने कौन सा ज्ञान प्राप्त कर लिया है?

अर्जुन जब भर्ती हुआ था तो घर छोड़ते हुए दुखी था।
अब उससे पिता डरते हैं—
कहीं झगड़ा ना हो जाए।
भाई बचता है, उसकी हेकड़ी से पत्नी परेशान है,
और उसके बच्चे भला कब गए उसके पास,
वे पिताजी कहने से भी डरते हैं।

अर्जुन को पता है—
उसका रोब-दाब परिवार पर कायम है।
वह दंड-बैठक करता है,
पाँच किलोमीटर रोज दौड़ता भी है।
माँ एक गिलास दूध लिए खड़ी है,
अर्जुन जूते निकालता है और लगता है हाँफने।
दूध थोड़ा ठंडा हो गया है,
वह फेंक देता है, वह गुस्से में है,
उसके दिमाग पर युद्ध और बंदूक ने अच्छा काम किया है

दिमाग पर सोचिए कि क्या और कहा जा सकता है,
वैसे रामदयाल और अर्जुन सगे भाई हैं।

...और आप तो रोज ही दिमाग में जीते हैं साहब जी!

कार्यशाला

यह जगह व्यक्तिगत नहीं है। थूकिए यहाँ मत!

कुछ हो रहा है यहाँ— जैसे कि कोई कहानी सुना रहा है,
और कोई कविता गा रहा है, कोई किताब जिल्द में हो रही है,
और कोई बजा रहा है ढोलक।

यहाँ सिर्फ अपने सुख के लिए नहीं होता,
यहाँ से पड़ोस दिखता है पहले, यहाँ दुख पर पहले नजर पड़ती है,
और छुट्टी दे दी जाती है पीड़ा को।

यहाँ चुनौती खड़ी रहती है हमेशा,
यहाँ ताकत का उपयोग होता है सार्थक
आप यहाँ खर्च कर सकते हैं, जो आप चाहें।

यहाँ विमर्श यश के लिए नहीं होता।

मैं बाहर निकल गया हूँ और व्यक्तिगत हो गया हूँ,
और देखता हूँ पीपल और नीम की पत्तियाँ हिल रही है।
वे हवा खा रही हैं,
और मैं थक गया हूँ अपने सार्वजनिक से,
और पत्तियों का पेड़ देखकर खुश होना चाहता हूँ

व्यक्तिगत में भी आप वह नहीं कर सकते,
जो नहीं होना चाहिए।

वह छोटा बच्चा है

वह अपनी थूक से अक्षर मिटाता है, और लिखता है 'क' यानी कमल।
वह दरवाजे पर पेशाब करता है और, घर में जाता है एक चित्र बनाता है।
आदमी का यह चेहरा कितना विद्रूप है जी!

वह जादू टोने में विश्वास नहीं करता और कहता है, 'मेरे ऊपर जादू करो!
टोने ने से मेरा गला खराब कर दो! मेरे घर में भूत पहुँचा दो!

वह हँसता है और वह बहुत कुछ जानता है।
उसकी उम्र है बीस साल, उसे सब बच्चा समझते हैं,
उसके हाथ में आइसक्रीम हैं, वह अपने बच्चों को देगा और कहेगा—
'शीत गर्म में से जुकाम हो सकता है,
इसे कोई महामारी भी बता सकता है, और स्कूल बंद हो सकता है...
अरे बच्चों! पिघलने दो आइसक्रीम तब खाओ। बच्चे स्वस्थ है!

वह बूढ़ा और बीमार नहीं है, लेकिन वह बच्चा जरूर हो गया है,
उसका मन चाट पकौड़ी खाने का, रसगुल्ले खाने का,
और न जाने क्या-क्या खाने का मन करता है। लेकिन मिले कहाँ!
वह पकौड़ी और चाट-ठेले की दुकान पर खड़ा है।
बच्चा राजनीति नहीं जानता, समाज या अर्थ का विज्ञान भी नहीं,
वह बहुत सुखी है और खुश रहता है, जब उसका पेट भरता है।
बूढ़े व्यक्ति ने सोचा कि 'कितना अच्छा है बच्चा,
और मैं! जवानी व्यर्थ की उलझन में खर्च कर गया।
मैं जवानी में बचपन समझ क्यों नहीं पाया, वह मन कहाँ चला गया था।
बूढे की लार टपकती रहती है।

भूला नहीं हूँ सूरज का एक दिन

उस दिन इतवार भारी था, बड़बड़ा रहे थे पिता, तकलीफ देह की नहीं थी।
वे वहाँ नहीं रहना चाहते, जहाँ रहे वे सत्तर साल।
वे अपने अनुभव से खोजते रहते थे रहने की जगह कहीं भी,
जहाँ रह सके बुध जैसा, और विश्राम कर सकें इतवार के दिन जैसा।

सभी घरों से बदसूरत लगता था पिता का घर, काई लगी थी दीवार पर।
बच्चे टिपटाप से थे। और पिता के कपड़े मैले रहते थे।
वे सादे पानी से रोज कपड़े धोते— फचर-फचर।
और वे सूरज के प्रकाश से खुश होते रहते थे।
बच्चे संकोचते थे बाबूजी कहने में, शायद दिख जाते हो उनके मैले कपड़े।
इतवार के दिन झगड़े का कोई विषय नहीं होता, और झगड़ा होता रहता।
बच्चे जल्दी सेठ बनना चाहते थे,
और नहीं चाहते पिता के मैले कपड़े साबुन से खुद साफ करना।

पिता जब मजदूर थे तो अच्छे लगते थे इतवार के दिन।
नहा-धोकर सजते थे कंघी लेकर, रोटी और छप्पर उन्हीं के हाथ का था।

पापा बकबक करते हैं और कुछ नहीं करते, बच्चे तो यही कह रहे थे।
पिता ने बड़बड़ाना नहीं छोड़ा।
अभी संध्या नहीं हुई थी और तय हो गया कि पिता घर-गाँव छोड़ देंगे।
दस हाथ दूर तक भी जो जान पहचान थी वह खत्म हो चुकी थी।

पिता सोच रहे थे विस्थापन के समय का भारत। और पिता दूर से देखते रहते कि
उनके न रहने पर बच्चे कितने खुश हैं! अब वे ठीक से मर सकेंगे खुश होकर!

भाइयो ! बहनो !

जी करता है कि सब धर दूँ आगे, जहाँ–तहाँ बाँट दूँ,
यह होगा कि कोई आया था गाँठ खोलने वाला।

देखो ! जी भरकर देखो, गाँठ खुल गयी है,
उसमें थोड़ा सा सत्तू है, मैं आज काम चला लूँगा,
पी लूँगा घोलकर, खा लूँगा गूँथकर।

सत्तू राजा को अटकता है, खाना नहीं चाहता कोई भी मंत्री,
और आटा भी है थोड़ा सा कल के लिए।
अरे छोड़िए यार! कल–परसों की बात...
राजा तो परसों की बात बोलता ही रहता है,
और कभी सच नहीं होता परसों।
और राजा बहरा कर चुका है हमें, बोल–बोलकर...
और हम बहरे सुनते रहते हैं कान लगाये !
और राजा जीत जाता है कान मे तेल डाले।

हम जनार्दन हैं जी ! सच में हम जनता हैं,
और हम हारते रहते हैं हर वक्त, यहीं हमारा हिस्सा है जी !

साथियो ! यहीं बैठो गंगा किनारे, मेरे साथ मजा मार लो,
नहा लो तैरकर, हम कोई स्वीमिंग पुल वाले नहीं हैं।
हाँ, बहुत बड़ा बाथरूम है राजा के पास,
और नहाने–तैरने की खूब जगह,
यहाँ और विदेश में भी, जहाँ चाहें नहायें और निचोड़ें !

मेरे पास एक नदी है, यह स्वीमिंग पुल है प्रजा का।

नदी गन्दी है, गन्दी ही रहती हैं हमारी चीजें!

हम कोई राजा नहीं हैं।
राजा नदी साफ करने की बात करता है
और गंदी होती रहती है नदी।
राजा नदी का पानी नहीं पीता, हम पीते हैं,
और होते हैं पाप मुक्त, कई बार बीमार हौते हुए।

बरसात में नदी भरी थी, कौन नदी में हाथ डाले!
जाड़ा भला नदी साफ करने का समय है!
और गर्मी में सिर्फ भाषण सुनते हैं राजा का—
कि नदी साफ होने वाली है, विश्वास करो अपने राजा पर।
और इस बार राजा सिर्फ अपनी प्रजा का पैर धो रहा है।

मेरे पास एक गमछा है— लाल गमछा बनारसी,
पगड़ी बाँधता हूँ और रहता हूँ बनारसी ठाट से,
देह पोंछकर लपेट लूँ, और ढँक लूँ जरूरी,
और एक छोर को थैला बनाकर भर लूँ दाना-भूँजा,
और खाता जाऊँ चरर-चुरमुर... दूर तक पैदल।

राजा के पास नहीं है बनारसी लाल गमछा,
और मेरे पास नहीं है कोई रेशमी उत्तरीय।

हाँ, मेरे पास है धोती मारकीन की,
खूब जँचती है जब नील-टिनोपाल में होती है,
और फेटा बाँध दो तो क्या मजाल कोई खोल ले।
गाहे-बगाहे के लिये सैंतकर रखी है धोती।
अपना काम तो चल जाता है लुंगी से,
जिसे बनाता हूँ धोती को फाड़कर बीच से दो लुंगी।
हाँ, जाड़े के लिए भेड़ का काला कम्बल काफी है।
और यही तो मर्जी है रामजी की!
राजा के पास नहीं है ऐसी कोई लुंगी,

भेड़ वाला काला कम्बल तो कतई नहीं।
राजा मँहगे सूट और मिरजई में रहता है।
राजा का दर्जी भी धोती नहीं जानता।

राजा कुछ भी कह दे, वही इतिहास है।
राजा कुछ बोल दे, वही भाषा है।
भला राजा का काम कभी रुका है,
और हम पीछे भागते हैं राजा के।
अपनी भाषा लादे, बोली बाँधे गठरी में।

और हम चलते रहते हैं लेखपाल के पीछे-पीछे,
कि मतलब का एक वाक्य लिख जाता मेरे कागज पर,
कि बचा रहे हमारा खेत-खलिहान!
हमारी इज्जत इसी में है, लेखपाल साहेब!
और हम राजा से मिल भी तो नहीं सकते साहेब।

वह कहानी कहता रहता है

घर कहानी कहता रहता है—
आज की कल की और कई वर्ष पहले की कहानी।

घर कभी मरता नहीं।
कोठरी ढह जाती है,
खपरैल उजड़ जाता है,
दीवार गिर जाती है।
और घर रहता है चाहे जैसा भी हो।

घर किसी नदी के किनारे रहता है और पानी पीता है।
घर किसी जंगल में पेड़ अगोरता है और हरे पत्ते देता है।
पानी का कारण भी जंगल ही है।

घर शोर नहीं चाहता, और नींद लेता है,
फिर काम पर चल देता है।

घर है तो जीवन है और मुस्कान भी है।
देखा था एक बार यमुना नदी के किनारे एक गाँव,
जहाँ के घर बहुत खुश थे।

घर ने देखा था कई युद्ध,
मरे कटे थे घर के लोग!
घर सोचता रहता था कि क्यों होते हैं युद्ध।
क्यों लड़ते हैं लोग, क्यों चर जाते हैं,
राजा के साँड़-सिपाही खड़ी गेहूँ की फसलें।
घर को कोई राजा नहीं चाहिए और सिपाही भी नहीं!

यहाँ देह में ताकत भरी है।
यहाँ वार्ता का कोई काम नहीं है,
कि फूल खिल गए हैं कागज के, दिशाएँ एक हो गई हैं।
यहाँ न कोई पाखंड है ढोंग, घर में नहीं है प्रार्थना-प्रतीक्षा।
घर में सुख दुख एक जैसा है,
वह सिर्फ अपनी ताकत का उपयोग करता है सही-सही!

मुझे पता है कि कई पीढ़ियाँ गल गई थी।
यहाँ बहुत लाशें हो ही गई थीं। यौवन छीना गया था,
कई बार औरतें बेइज्जत हुई थीं, शब्द काँपते रहते थे,
काम करने से पहले हाँफते रहते थे।
किसी धर्म में धँसकर घुटने बेकार हो चुके थे, और दिमाग व्यर्थ।
प्यार और ममता का कोई निशान न था।
लोगों ने कहा था— यह घर भूतों का डेरा है।
भूत नाचते और डराते रहते थे,
लोगों ने भूत देखा था— सफेद कपड़े में दाँत निकाले उल्टे पैर...
घर को नागफनी ने घेर लिया था, घर में कोई साँप नहीं था।
फिर भी घर जिंदा है आज भी,
घर अपना जीने लगा है, खाने-गाने लगा है।
लेकिन उसे याद है अपना इतिहास।
जो अब कहानी बन चुका है— यह भुतहा घर!

याद आया है बचपन का घर।
जमीन पर राख छीटकर 'क' लिखता था उल्टा।
आधी लिट्टी हाथ से पकड़ते थे नून-तेल लगाकर,
और अब तो कोई नून-भात खाने भी नहीं देता।
तब सागर चित्रों में सूरज देखता था,
आकाश देख सोचता था कि कहाँ है आखिरी छोर,
और फिर घर के सामान सहेज आँगन में बैठकर सुस्ता लेता था।

मेरा घर कहाँ खो गया है!

घर की गति ठहर गई है,
सभी की गोपनीयता कैद है एक कोठरी में।
अब कोई झंडा-पहचान नहीं है।
मेरा ही बनाया ईश्वर घुस गया है जबरदस्ती,
वह कभी नहीं निकलेगा!
कोई आसन पर बैठ उसकी उपासना करेगा,
और कोई हथेली पर कर्म, गंध, छंद, पक्ष का लेखा-जोखा,
धरकर बैठ जाएगा धम्म से, और मलता रहेगा,
अब हथेली मुरक जाए, चाहे टूट ,यह आप जाने!

घर की मरम्मत हो चुकी है, वह जवान दिखता है

मैं अपने घर में बूढ़ा हो गया हूँ,
जैसे कोई बरामदे में पूर्व काल का चेहरा लिए बैठा हो!

सब माया मोह है, अब सोचता हूँ,
तो हाथ पैर के मांस झूलते-हँसते रहते हैं।
विद्या, वंश, प्रकार, स्थिति, सृष्टि और दृष्टि मौन रहते हैं,
कोई बोलता नहीं कि घर तो उनका भी है।
मेरा मन हुआ था—
अवस्था से बतियाऊँ, कर्म को उलाहना दूँ, काल से झगड़ा करूँ।
गाँव को एकत्र करके नदी में डुबकी लगाकर जीव को समझाऊँ,
फिर किसी कोण के कोने में सुस्त लूँ एक बुढ़ापा!

मैं बूढ़ा व्यक्ति हूँ, मेरे बगल में जवान बच्चे रहते हैं,
और मैं देखता हूँ उन्हें और वे नहीं देखते मुझे।
कितना प्रबल है यहाँ पीढ़ी और संज्ञा भेद!

एक बार फिर घर को देखता हूँ तो जीवन समझ में आता है।

जाना कहाँ है

यहाँ दरोगा बैठा है,
अभी-अभी मंत्री आने वाले हैं।
यह सड़क बंद रहेगी, राष्ट्रपति आए हैं।
कहाँ जाओगे भाई!

मुझे जाना है उस बंदरगाह तक,
जहाँ सामान लद-उतर रहा है।
इसी रास्ते आए थे कुछ लोग,
और यहाँ बदल गया था।

मुझे सामान देखना है कि मेरे लिए भी कुछ है या नहीं।

कभी जहाज पर नहीं बैठा हूँ,
कैप्टन से चिरौरी करके बैठ लूँगा घड़ी-घंटाभर,
तो गाँव में तनकर रहूँगा,
कि जहाज के भीतर का मैं भी देखा हूँ।

क्यों भाई! यह रास्ता कवि की समाधि तक जाता है,
बताइए कवि कैसे मरा? कोई घटना याद है क्या?

कवि तो कविता में मरा था,
और यह कोई घटना नहीं है।
लेकिन भाई कवि की एक-एक लाइन सब जानते हैं—
'जागते रहो।' और लोग सो जाते हैं!

मुझे उस मंदिर तक जाना है,

जहाँ भगवान चुप है, वह बीमार है, उसे डक्टर देख गया है।

मैंने पूछा— डॉक्टर भगवान को सुई कैसे लगाएगा?
सूखा पड़ा है, पानी की कमी है, कैसे पानी चढ़ायेगा,
डॉक्टर सुनकर बेहोश हो गया है— यह भगवान की कृपा है।

भक्त कीर्तन गा रहा है, भगवान को लय का पता है!

अरे यह देखो! यह रास्ता हृदय तक जाता है,
पम्प ने खून को आगे बढ़ा दिया है।
इस रास्ते पर आगे बबूल के काँटे बिछे हैं,
अरे बाप रे! उस रास्ते तो पत्थरों के नुकीले टुकड़े हैं!

कुछ रास्ते बीमारी तक जाते हैं, और कुछ सत्ता तक,
जहाँ आदमी बना रहता है बौना और गूँगा।
और कहीं-कहीं तो सही बोलना भी काल है।

मित्रो! लाद दो रास्ते मेरे जहाज पर,
समुद्र बड़ा विशाल है कहीं डुबा देंगे इसे,
फिर ठीक से किसी रास्ते के लिए बात कर लेंगे आपसे।

मेरी मेज के नीचे कोई है

सन्तू मेरा पड़ोसी है, वह मकान की पुताई करता है।
वह सत्तू घोलकर पीता है दोपहर में।
लोग उसे खाना खिलाना चाहते हैं,
कि वह ठीक से मेरा घर लीप-पोत देगा।

अब ऐसा नहीं है कि घर पोतने का कोई दिन हो,
नया घर बनते ही लीपना-पोतना शुरू हो जाता है।

दीदी, भौजी, काकी, घर पोतती थीं दीवार से खटिया लगाकर।
कोई छेद न रह जाए मिट्टी की दीवार में, देखती रहती थी।
गोंजर-बिच्छी छुपते देर थोड़े लगती है!
घर लीप-पोतकर बराबर, फगुआ दिवाली के दिन।
चैत-नवमी का भार तो बहुत है।
घर की सोंधी माटी की महक, आँगन से हटने नहीं देती।

सन्तू ने मेरा घर पुट्टी-पेंट से पोत दिया है,
एक अजीब सी रासायनिक गंध फैल गई है।
हर दीवार के रंग अलग-अलग और छत की एक डिजाइन।
कई दिनों तक हम छींकते रहे, और दिवाली पर दिया जलाते रहे।
घर में रहने का मन नहीं करता, एक रंगीन प्रकाश से घुटन बढ़ गई है।
एक अजीब सी गंध गले में अटकी रहती है
और बड़ा सा आँगन एक छोटी लॉबी बन चुका है।

यह रंगीन जीवन कितना कष्ट देता है, कुछ पता है!
सिराज कपड़े सिलता है, वह सन्तू को जानता है,
जो उसके रफू किए गए पैंट पहन रखा है।

वह सन्तू की कमीज सिलेगा,
और सन्तू उसकी दुकान चूने से पोत देगा नील डालकर।
सिराज के दादा भी कपड़े सिलते थे, सन्तू के दादा किसान मजदूर थे
आज भी सन्तू की दोस्ती शम्भू किसान से है,
जहाँ से वह मूली धनिया बैगन बिना पैसे के ले आता है

शम्भू का घर कच्चा है, गोबर माटी से लीपा जाता है।
सन्तू की जरूरत नहीं है।
सन्तू सोचता है कि कभी शम्भू का घर पक्का बनेगा,
तो वह बिना पैसे के चूने से पोत देगा।
शम्भू की कमीज सिराज ही सिलता है, वह पैसे के बदले सब्जी लेता है।
सिराज सब्जी खाता रहता है, भले वह एक भी शम्भू की कमीज न सिले।
शम्भू की कमीज फट जाती है तो सिराज के यहाँ पैबंद लगवाता है।

अपने आसपास देखें कि कौन लोग हैं जो सामने हैं,
और जो छिपे जैसे हैं— किसान, कारीगर और मजदूर... कितने काम के हैं।
हम कैसे बनते सँवरते आए हैं!
सन्तू, सिराज और शंभू कितना साथ चलते हैं,
बिना किसी स्वार्थ-आशा के एक विश्वास बनाते हुए।

मै रोज मेज के नीचे झाँकता हूँ,
कि कहीं छिपकर सन्तू, सिराज और शंभू तो नहीं बैठे हैं डरकर!

जरूर कोई छिपा है मेज के नीचे जो झगड़े लगाता है,
वह नहीं चाहता कि सिराज कपड़ा सिले और सन्तू कोई घर पोत दें।
शम्भू तो आँख में गड़ा ही है कि उसका अनाज कैसे हड़प लें।
छिपे आदमी की पहचान कठिन होती है,
उसके चेहरे पर कई चेहरे चिपके रहते हैं,
अब कौन चेहरा आ जाएगा सामने पता नहीं।

मैं सुबह उठता हूँ तो रोज मेज के नीचे देखता हूँ।

देह का अंग

वह उस पेड़ को देखता था।
पेड़ में कितनी टहनियाँ हैं, वह गिनता था।
जड़ें गहरी हैं, वह निहारता था।
खूब घने पत्ते हैं, वह सोचता था। वाह! कितना सुंदर है यह पेड़!

वह सिर दुखने से परेशान था,
माथे पर लेप लगाना भी व्यर्थ रहा।
उसका विश्वास नहीं था झाड़-फूँक में।
बच्चे कहते थे नाटक करने लगा है यह बूढ़ा!
वह बूढ़ा नहीं था, वह बूढ़ा हो रहा था।
अब वह अपने सिर की पीड़ा किसी को नहीं बताता।
इतना जरूर था कि उसके सिर में न भूसा था न गोबर।

कुछ दिन बाद उसके सिर के बाल झड़ गए थे।
वह एक बौद्ध भिक्षु लग रहा था।

क्या करे वह अपनी बाँहों का!
जवानी में ये भुजाएँ फड़कती रहती थीं,
कोई भी बात बर्दाश्त नहीं होती थी,
न जाने कितने कर्म-कुकर्म किया है इन हाथों ने,
अब इसमें दर्द हो रहा है।
डॉक्टर कहता है, यह दर्द ठीक नहीं,
हृदय के लिए बुरा संकेत है।
और यह दर्द ससुरा बाएँ ही होता है,
दायाँ तो मस्त लग रहा है,
लेकिन उसका दिल खराब नहीं हो सकता,

यह पेट के गैस वाली बीमारी है, भूखा आदमी कुछ भी खा लेता है।

वह जानता है कि उसका होना ही लोकतंत्र है।

उसकी छाती चौड़ी है,
लोग कहते हैं कि यह आदमी पहलवान रहा होगा,
उसकी छाती देखकर गाँव के लोग डरते रहे होंगे।
उसकी छाती में कई घाव हो गए हैं,
जिसे देखो वही उसकी छाती पीट कर चल देता है।
वह आदमी बहुत सीधा है सिर्फ इसकी छाती चौड़ी है।
लोग बेकार ही डरते थे इससे!
वह तो कभी भाग सकता है अपनी छाती लेकर।

वह झूठ बोलता था कि सीना चौड़ा है।
इसने छाती पर नकली सीना लगा रखा है,
वह गाँव से भाग गया है, लोग खोज रहे है।
वह कभी नहीं आएगा, वह गाँव को बर्बाद कर चुका है!

यहाँ दो पेट दिखाई दे रहे हैं।
एक पेट मोटा है, उसकी नाभि धँसी है, चर्बी चढ़ी है।
दूसरे की नस दिख रही है और नाभि उभरी है।

इस देश में ऐसे दो तरह के पेट क्यों हैं!
बाबा कहते हैं, 'एक कमाने वाले का, और दूसरा खाने वाले का पेट है।
आजी कहती थीं, 'कमाता है लंगोटी वाला खाता है टोपी–धोती वाला।
अजीब है यह देश!

एक व्यक्ति ऐसा है कि उसके पेट में सब कुछ समा जाता है,
और दूसरा है कि पेट में कुछ है ही नहीं!

पेट के अर्थशास्त्रको कौन समझ सकता है!
कौन सी गणित लगाएँ कि कोई सूत्र याद करें,

कि दोनों पेट बराबर हो सकें।

पेट में तो सभी पलते हैं और एक आकार में होकर जन्म लेते हैं।
पेट बड़ा महान है रे!

पेट जिंदाबाद! न रोजी है न खर्ची है! पेट हमारा खाली है!

जाँघों में ताकत थी तो सब ताकते रहते थे,
और किसी स्त्री की जाँघ देख लेते तो अपना होना भूल जाते।
जाँघों का यह आकर्षण क्यों और कैसे बन गया,
हाँ, दादी की बूढ़ी जाँघों पर शिशु की मालिश होती थी,
हाथ-पैर और नाक छूकर एक ताकत भरती रहती थीं दादी।
माँ अपनी जाँघें ढककर दादी को निहारती थीं।
पिता को यहाँ आना मना था।

मेरी जाँघें अब कमजोर हो गई हैं। पहले मैं राजा का प्रहरी था।
देर तक खड़े होने की वजह से घुटने बेकार हो गए हैं।
बुढ़ापे का घुटना जीने नहीं देता, बैठकर शौच क्रिया भी नहीं होती।
अब तो धोती पेशाब से भीग जाती है कभी-कभी,
अब घुटना सँभालूँ कि कपड़ा।
और राजा को फिक्र नहीं है कि लोगों के घुटने बेकार हो रहे हैं।
इसी घुटने के बलपर तो युद्ध जीता गया था!
बेचारे बड़े हो गए घुटने!

अब तो सिर्फ पैर का तलवा बचा है, जो अपनी पीड़ा ही जानता है,
सुनता है सब कुछ,, कहता कुछ नहीं,
सेवा ही उसका स्वभाव है, और उसका गोत्र भी
तो चलिए अब यहाँ रहा नहीं जाता।
चलिए कहीं और चलते है!

चिट्ठी का बंडल

अब कौन कहेगा कि चिट्ठी आई है,
कल भेज दूँगा यह तुम्हारी चिट्ठी, परेशान न हो!
कल तक थी चिट्ठी जीने का एक छोटा आधार।
बिना चिट्ठी के ठहर जाता था सब कुछ।

बारह बजे तक चिट्ठी की प्रतीक्षा होती थी,
और डाकिया था कि कई दिन बिना देखे चला जाता था।
डाकिया जाते हुए अच्छा नहीं लगता था,
बिना डाकिए के एक उदास दिन जाता हुआ!

चिट्ठी के बंडल ताकते रहते हैं,
जैसे एक हारे हुए राजनेता कि कभी तो बहुरेंगे दिन उनके!

बंडल में कुछ शालीन पत्र हैं कि समाचार क्या है।
लिखा है थोड़ा और समझना अधिक, चिट्ठी मिलते ही चिट्ठी डालना।
क्या करूँ! तुम दूर हो तो यह चिट्ठी सहारा है।
और इंतजार करती माँ और पत्नी के पत्र की आटा खत्म होने वाला है।
कि साड़ी फट गई है, दस दिन के बाद आयेंगे दामाद जी,
उन्हें खिलाऊँगी क्या! तुम ही बताओ!
कुछ नहीं घर में सिवाय नून तेल मिरचा के।
सैंया जी कभी तुम भी कोतवाल तो हो जाते तो मजा आ जाता।

माँ कहती है मेरी दवाई नहीं आएगी तो देह माटी हो जाएगी,
तो फिर मरने पर आना दवा की पोटली लेकर

निमंत्रण पत्रों की एक जगह बनी थी,

हाथ से लिखे हल्दी लगे पत्र कि जरूर जाना होगा वहाँ,
जहाँ से आया है साफ-सुथरे होकर,
कुछ लेकर वहाँ जाना, खाली हाथ कौन पूछेगा रे छूछा!

अब तो नेवते वाले यह पत्र छपने लगे हैं,
लाल पीले गुलाबी मोटे कागज पर...
जिसपर बने रहते हैं गणेश बुध या किसी और के चित्र,
जिनकी अनुकम्पा से ये हमसफर बन रहे हैं!

पत्रों को तो मत पूछिए!
धमकी के पत्र... नौकरी के पत्र... मुकदमे के पत्र...
न जाने कौन-कौन से पत्र डाकिए लिए घूमता रहता है,
उसे फिक्र नहीं है कि इसमें क्या लिखा है,
और पाने वाले की क्या दशा होगी!

एक मित्र ने कहा कि आप पुरानी चिट्ठी क्यों पड़ते हैं,
पुराने अखबार पढ़िए!

पति ने एक बार पत्नी को पत्र लिखा,
कि घर आ रहा हूँ बिस्तर साफ कर देना,
उस बार की तरह नहीं कि बिस्तर पर बच्चों का मूत महके।
रजाई, गद्दा, तकिया, चादर सबको घूप दिखा देना।

चिट्ठी के बंडल अलग-अलग रखे है—
ताखा पर पिता, सखी, पत्नी, मां के पत्र करीने से सजे है,
बाकी पत्र बिखरे पड़े हैं। यही तो मेरी स्मृति है।

घोड़ा

यह पीठ आपकी है बाबूजी, मेरी पीठ पर बैठ जाइए बाबूजी।
मुझे नंगी पीठ बर्दाश्त नहीं, मुझे सवार चाहिए चाहे कोई बोरा ही हो

मेरी लदनी-पदनी सब जानते हैं। जी हाँ, मैं आपका घोड़ा हूँ!
ईश्वर ने पीठ ही ऐसी बनाई है बाबूजी कि लादने का मन करता है,
और यह मेरा अभ्यास भी है,
लेकिन बेकायदा सवार नहीं चाहिए पीठ नाराज हो जाती है।

लोग कहते हैं कि एड़ और चाबुक मेरी खुराक है,
और 'लोहे के चने चबाना' मुझसे ही निकला है। मैं अश्वशक्ति का मालिक,
ताकत की दवा पर मेरा चित्र आपने देखा ही होगा। मैं लौह-शक्ति भी हूँ!
क्या आप कभी कमजोर हुए और आपको मेरी याद आई?
हाँ याद आया मुझे, मानसिक औषधि का नाम भी अश्वगंधा है।

आपके देश में कहीं और से मैं आया था और यहीं का होकर रह गया।
गाय भैंस ऊँट में मैं मिलजुल गया, गोबर और लीद सब एक।
हमारी एकता कभी टूटी नहीं, चाहे घास चरना हो या मेहनत।
बैल मेरा दोस्त है, हम समझते हैं दुख-दर्द एक दूसरे की।
लेकिन बाबूजी! आप लोग बहुत लड़ते हैं, हमारी पीठ गवाह है।
मैं लाशों के ढेर पर रोते हुए दौड़ा हूँ।
चोरी का माल लेकर बेतहाशा भागा हूँ,
गरीबों की कमायी अमीरों के घर पहुँचाया हूँ, आपका घोड़ा हूँ बाबूजी!

मेरी पीठ पर आर्य बैठे थे। कृष्ण ने मुझे हाँका था।
मैं इतिहास का चश्मदीद गवाह हूँ। जानते हैं क्यों, यह मेरी पीठ जो है।
यह श्रम मेरा है बाबूजी! तो इतिहास श्रम से बनता है क्या बाबूजी!

अरे सुनिए एक सवाल! कि बोलिए कुछ

उत्तेजक तस्वीरों को उचककर देखना आता है मुझे,
और उत्तेजित नहीं होता हूँ बिलावजह।
आपने खुजराहो देखा होगा, यहाँ काम-भाव के चित्र शान्त हैं,
और साथ देते हैं जरूरत पर, बिना किसी को तकलीफ दिये।
सोचिए यह ऊर्जा सही अर्थों कब काम आयेगी।

मैं डूबकर मरने जा रहा हूँ, कि लोग हो कैसे गये हैं!
वह बद-दिमागी, अपनी उर्जा खर्च कर रहा है बलात्कार में।
क्या वे मूर्ख होते जा रहे हैं? क्या चीखें सुनायी नहीं देती हैं?
क्या वे नहीं जानते पीड़ा? वे दण्ड-विधान भी नहीं समझते क्या!
क्यों वे डरते भी नहीं न्याय से?
हम उनपर थूककर क्या कर लेंगे!

मैं पूछना चाहता हूँ— क्या उत्तेजना बिना प्रेम के उत्तेजित होती है?
मैं अपने मंत्री, पुलिस, जज और देश-भक्तों से पूछना चाहता हूँ—
कि कैसा चाहते हो देश? किसे देखना चाहते हो यहाँ रहते रहना?
अखिर आँख क्यों नहीं है सत्य देखने लायक!

क्या हम सभी जो सोचते हैं अच्छा,
और एक अच्छे अर्थ में खर्च करते हैं अपनी उर्जा?
क्या हम किसी अन्य देश में शरण ले-लें— बोलो!
कि कोई दूसरा शहर या गाँव बसा लें?
बोलो! भाई तुम कोई गैर थोड़े हो!

दृष्टि और सफर

देखना तब हो जब समझना हो।
सुख देखो और सहो, सुख का दुख तब देखो!
दुख का मजा लो तब किसी सुख को समझो!

बादल आया था, बिना बरसे चला गया,
और ले गया मेरी मुस्कान, और मेरा विश्वास।

देखना था सूरज को और चाहिए थी धूप,
और आँगन में बाढ़ आई थी नीम की एक मोटी डाल

होता है देखना रोज लेकिन समझना।
बुद्ध ने समझकर देखा था, हमने बुद्ध को नहीं समझा,
हम तीर-भाला जानते रहे।
देखा था मार्क्स ने, और हम सिर्फ किताब पढ़ते रहे,
पूरा जीवन बहस करते रहे।
क्या हो गया है मेरी नजर को! जो कहीं लगती ही नहीं!

सीधी दृष्टि को अच्छा कहते हैं,
और बिना तिरछी नजर बात नहीं बनती,
भला सीधी नजर से प्रेम कैसे होता— यही तो प्रेम दृष्टि है!

और फिर से देखने पर डर भी लगता है कि कुछ तो बात है!

सीधा व्यक्ति कितना जरूरी है, बाकी सब ठीक है।

मेरा आँगन चौकोर है, दादी कहती थी—

आँगन ठीक से बनाना,
किसी की नजर न लगे, और सुरुज–बेध न हो।

लीक पर और नाक की सीध में चलना आसान है,
और जब कोई नदी–नाला न आए तो फिर सोचने का मन होता है।
टेढ़े रास्ते भी वही जाते हैं जहाँ सीधे, सोचो कि यह टेढ़ा क्यों है।
और किसी रास्ते से जब पहुँचना न हो तो लौटना कैसा लगेगा।
चलो इतिहास पढ़ते हैं, और अभी–अभी पर लौटते हैं।

नदी भरी थी बरसात का पानी समाई थी,
तैरना आता था और डर भी लगता था।
रास्ता आगे नहीं था, और कोई नाव भी नहीं,
सिर्फ लहर थी जैसी नदी में उठती है, नदी सागर नहीं है।
कुछ सोचते हैं और आगे जाने के लिए पुल बनाते हैं,
यह काम अकेले का नहीं है।
देखो कि कौन आ रहा है साथ में, उसे ठीक से पुकारो!

...ऐसे ही बरफ की ऊँची चोटी, विशाल सागर, अनंत आकाश,
और भी जगहें हैं जहाँ रास्ता बंद हो जाता है।
जैसे वहाँ एक मंदिर है और आगे रास्ता नहीं हैं।

जो चाहते हैं चलना, वे जाते हैं जहाँ चाहिए उन्हें जाना।
जो बैठे रहते हैं वे अपना धान पछोरते रहते हैं।
कहते हैं कि चलने से दिल–दिमाग और घुटना ठीक रहता है,
और उदर बढ़ता नहीं, और अम्ल तो बनता ही नहीं पेट में।

सुबह हो गई है चलो चलें किसी नदी के किनारे।

लिख दो यहाँ गद्य

मैं कहीं से आता हूँ तो सोचता हूँ— माँ
और कहीं जाता हूँ तो भी माँ का ध्यान आता है।

मैं कविता कर रहा होता हूँ या गीत गाता या ग़ज़लें परोसता,
तो मुझे माँ की याद जरूर आती है!
मुझे जन्म देने वाली और पालने वाली माँ ही भारत माता है।
और इसी तरह अमेरिका की माँ, चीन और पाकिस्तान की माँ।
माँ किसी देश की नहीं हो सकती वह सबकी है,
सभी से प्यार करने वाली माँ को सभी उसे अपन बेटे जैसे लगते हैं।
बूढ़ी माँ को देखकर लगता है कि वह कितनी ताकतवर है!

आप माँ के स्वर में मुस्कुराए हैं?
मैं तो हूँ माँ की बोली-बानी में, जहाँ संबंध पुकारते हैं,
वहाँ कोई मंत्र, नमाज, और व्यर्थ कथा जैसी चीजें नहीं हैं।
माँ मेरा स्वास्थ्य जानना चाहती है,
और देखना चाहती है मेरा खुश होना।

माँ पूरी तरह गद्य है, और कविता भी।
वहीं से मैंने पहले जीवन सीखा,
उसके आंचल में शांति है, शीतलता है और उष्मा भी।
मैं माँ का चेहरा देखकर दुख भूल जाता हूँ,
और भर जाता हूँ नई ताकत ऊर्जा से,
जैसे अभी-अभी माँ ने दूध पिला दिया हो,
और पीठ ठोककर कह दिया हो कि जाओ खेलो कूदो।
माँ कहीं चली गई है कौन कहेगा जैसे वह कहती थी।

माँ समझती थी मुझे और मैं माँ को,
कॉलेज से आता तो पढ़ने और दूध पीने का समय बताती थी,
और डाँटती थी शादी के बाद भी,
पत्नी के पास देर तक रहने को कहती।
माँ नहीं है तो दूध नहीं पी पाता हूँ ठीक से,
और पढ़ना तो छूट ही गया है, किताबें भूल गई हैं कि कितनी हैं घर में।
पत्नी से बतियाना दूर हो गया है। कितना अकेला हूँ माँ, मैं तुम्हारे बिना!

माँ की स्मृति आधी रह गई है,
मुझे पहचानती है और कोई बात नहीं जानती।
बहुत कुछ पूछना था माँ से,
कि वह गाँव का पीपल कितना पुराना है!
दादा जी ने कभी तुम्हें डाँटा कि नहीं,
और जब बुढ़िया-बाढ़ आई तो कौन बह गया था,
और जब दरोगा घर में छापा डाला था तो उसे क्या मिला था।
माँ कुछ जरूर सोचती रहती, लेकिन बोलती कुछ नहीं!

पिता डाँटते बोलते हैं, जैसे कोई दिमाग।
माँ पुचकारती है मुस्कुराती है, जैसे कोई हृदय।
पिता के पास जाने का मन नहीं करता, हिम्मत भी नहीं होती।
माँ के पास से हटने का मन नहीं करता,
माँ की गोद में सिर रखकर सोने से डर नहीं लगता।

धीमी गति का समाचार

अभी-अभी किताब ने कहा—
चुनौतियाँ बढ़ गई हैं, सरोकार बदल गए हैं,
बेचौनी जाने का नाम नहीं ले रही है,
मेरे ही सामने अखबार विस्तार पा गए हैं,
और पूजा नहान की कथाएँ मेरे पास आसानी से आई हैं।
आप जानते हैं कि कथा, कविता, निबंध, आलोचना, नाटक,
और न जाने क्या-क्या मैं अपने कंधे पर लादे रहता हूँ,
कुछ तो मेरे सिरपर चढ़े रहते हैं।
मैं प्रमाण हूँ कि मेरे बिना कोई कहीं का नहीं।

दुख है कि आजतक मैं पढ़ा नहीं ठीक से,
और मेरे अंदर ऊल-जलूल बहुत भर गया है,
मुझे लेकर बहुत रगड़ा-झगड़ा है भाई!

मैं चिल्लाता हूँ कि मुझे अपना जीवन जीने दो!

कोई क्यों पढ़े किताब? क्यों करें कठिन प्रश्न हल कोई छात्र?
क्यों जाने आज का प्रमुख समाचार? वह तो भक्ति भाव में लीन है,
और अभी-अभी वह राजा का भक्त बना है।
कई मंत्री उसके दोस्त हो गए हैं।
अरे ये सभी किताबें रख दो टाँड़पर।
किताब की ऐसी की तैसी!

बीड़ी पीने के बाद वे मल रहे थे हथेली पर खैनी,
और वे बिना पढ़े किताब पढ़ा रहे थे किताब,
उन्हें नहीं पता कि आज का अखबार विज्ञापन देखकर खुश होता है,

कि हम प्रगति की राह पर हैं सब कुछ चंगा हो रहा है।
और वे फिर निकाल रहे हैं खैनी की डिब्बी।

क्या कक्षा तीन के लिए पढ़ाएँगे गणित मास्टर जी!
वे तो कल ही सिर्फ गिनती-पहाड़ा याद किए थे, जो भी भूल गए थे।
वे बच्चों को पहाड़ा लिखवा रहे हैं किताब से देखकर!
और कहीं यह भी लिखा था कि धूम्रपान न करें तंबाकू से कैंसर होता है।
मास्टर जी बीड़ी और खैनी छिपा रहे हैं पतलून की जेब में।
उनके हाथ में कोई किताब नहीं है!

वे तो और प्रकार के जीव हैं। कल घर आए थे, खूब बोल रहे थे—
जातिवाद जहर है, धर्मवाद से कोई भला कैसे आगे बढ़ सकता है,
धर्म अफीम की तरह है और अफीम का नशा जल्दी छूटता नहीं।
वे किताब पढ़ कर आए थे।

और वे गर्व से अपनी जाति और धर्म बता रहे थे।
लोग कहते हैं कि वे छिपकर गाँजा पीते थे।

वे राम-राम कहते हुए दूरी जानते थे।
वे कह रहे थे— हाय! मैं मर क्यों नहीं गया, घोर कलयुग आ गया है।
अरे! वह काले रंग का आदमी अखबार पढ़ रहा है!
और वह नौजवान शायद स्नातक है! जो सड़क पार कर रहा है,
जिसके हाथ में समाजशास्त्र की किताब है।
यह किताब उसके कोर्स में चलने वाली किताब है।

वे चुप रहे, उन्हें पकड़े जाने का डर था।
वे लोकतंत्र नहीं जानते, सभी मानव एक ही हैं—
यह तो मानते ही नहीं। और वह चुप रहते,
लेकिन खुश नहीं थे, कि अभी उनका समय खत्म नहीं हुआ है!

वे कुछ बोले नहीं और एक आदमी को जाते देखते रहे,
उसकी दाढ़ी बड़ी थी सिरपर गोल टोपी, और वह लुंगी पहने था।

उस व्यक्ति ने उन्हें सलाम कहा, तो वे बोले 'जय हो!'
और वे भी बोले— प्रणाम। तो उनके हाथ दुआ में उठे।
दोनों मुस्कुरा रहे थे साथ चलते हुए,
एक दूसरे को कभी-कभी देख लेते कि कहाँ कोई समझ पाया हमें!
सभी हमारी मुस्कान देखते रहते है,
और सभी अपने दुख में भी नकली हँसी बिखेरते रहते हैं,
और झूठे विश्वास में जीते रहते हैं।
वे दोनो मुस्कुराये कि कहाँ कोई समझ पाया हमें,
हमारा मतलब तो एक ही था कि तुम मूर्ख बने रहो मूर्खों!
और हमारी किताब पढ़ते रहो, उलझते रहो।
हम तो तुम्हें वर्षों पहले समझ चुके हैं।
एक बार फिर वे एक दूसरे को देखते हुए आगे बढ़ रहे थे।

अखबार का पन्ना रोज सामने होता है और मैं कुछ नहीं कर पाता हूँ।
पहले पृष्ठ पर छपा था एक कार का फोटो, जिसमें छः पहिए लगे हैं,
मैं सीट नहीं देख सकता, उसपर देश का सबसे ताकतवर आदमी बैठा है,
वह डरा हुआ है, कमांडो के घेरे में रहता है, और कहता है—
मरने से क्या डरना, मृत्यु तो एक दिन आएगी ही।
और वह कार का दरवाजा नहीं खोलता कि कहीं कोई रसायन न लगा हो!

मैं पृष्ठ पलटता हूँ। कोई खबर काम लायक नहीं है।
मैं अखबार रोज कूड़े की टोकरी में फेंकता हूँ।

कहीं-कहीं बाढ़ आ गई और गाँव डूब गए हैं।
कुछ राज्य झेल रहे हैं सूखा,
और खेत भूख से मुँह बा दिए हैं।
कुपोषित बच्चों को सरकार नून-रोटी दे रही है।
और हमारा प्रधानमंत्री कई देश घूमकर आ गया है।
और राष्ट्रपति अपने भवन में घूम रहे हैं,
वे सूँघ रहे हैं फुलवारी में खिले फूल।
और लोग महामारी से मर रहे हैं।

अभी-अभी लॉन्च हुआ है नया मोबाइल।
और इधर देखिए यहाँ के होटल बहुत सस्ते हैं।
हवाई जहाज से उतरकर मंच की ओर जाते हुए,
अच्छे लग रहे हैं प्रधानमंत्री, और लग रहे हैं नारे।
और पेट की आँतें दिखती है नारे लगाने वाले लोगों की।
और गाँव में झुरिया की मडई उजड़ गई है।
और मुँह-पका रोग से एक गाभिन गाय मर गई है।
शायद आप अखबार समझ गए होंगे,
मैं अब नहीं पढ़ सकता आगे।
ठीक से नहीं दिख रहा है कहीं कुछ भी।
मैं आँसू भी नहीं बहा सकता, न बोल सकता हूँ कुछ भी।
गँड़ासा मेरी गर्दन पर है,
वह चल चुका होगा शब्द निकलने से पहले।
मेरा नेटा अखबार पर चू गया है,
और मैं उसे लपेटकर एक कोने में रख रहा हूँ।

कुछ दिन पहले की बात है, समाचार में छपा था—
कि नृत्य हो रहा है बहुत भीड़ लगी है देखने वालों की।
फूलों की प्रदर्शनी लगी है और कतार है सुनने वालों की।
एक बूढ़ा बच्चे को कंधे पर बैठाये मेला दिखा रहा है,
'यह उसकी लाठी होगा कुछ बरस बाद' बैठ गया है उसके मन में।
और नृत्य कर रही है नर्तकी मेले में,
उसे देख रहा है बूढ़ा आदमी गौर से,
उसने मन ही मन सोचा कि यह मेरी पत्नी होती,
तो मैं सुबह और शाम नाच देखता।
बूढ़ा आदमी इस उम्र में कवि होना चाहता है,
और प्रेम पर एक उपन्यास लिखने की भी इच्छा जाग गई है।
वह गया कल्पना में, और उतार दिया बच्चे को अपने कंधे से।

थोड़ा बड़ा हो गया बच्चा,
और बूढ़े बाबा की उंगली पकड़कर चलने लगा।
जीवन में बहुत कुछ समाचार से हट जाता है,

जैसे यहाँ मेला आ गया था और नर्तकी।

मैं न चाहते हुए भी अखबार के पृष्ठ पलट दिया हूँ,
और एक चित्र पर निगाह टिक गई है-—
एक औघड़ अपना सिर जमीन में गाड़ दिया है,
जमीन पर उसका धड पसरा है,
वह चाहता है कुछ रुपए कि रोटी खा सके।
रोटी ने दिमाग को जमीन में गाड़ दिया है।

आज के अखबार में वर्षफल छपा है,
और मैं देखकर सुख–दुख में झूल रहा हूँ,
यह झूलना मेरा स्वभाव बनता जा रहा है।
अंतिम पृष्ठ बिल्कुल बेकार है अखबार का,
जहाँ एक विज्ञापन है— 'हमें वोट दीजिए, हम आपके साथ है।'
मुझे खाँसी आ गयी है, गले में कुछ अटक गया है,
सूखी खाँसी उखाड़ देती है फेफड़े को—
'आक् थू थू'— विज्ञापन पर खखार गिर गयी है!

कथा का एक पृष्ठ

गीली कहानी से भीग जाता है कथाकार,
और गीले कहानीकार की कहानी हो जाती है गीली,
इसी तरह जलना, तपना, बह जाना और ठिठुरना भी...
वह पहाड़ों से गिरकर मर सकता है,
या किसी लटकी हुई टहनी पर लटक सकता है।
वह जानता है इस कथा में आगे क्या होगा।

कभी-कभी बिना भीगे वह पसीज जाता है,
और भीग जाता है ज्यादा, तो मानो काली मिट्टी पर पानी पड़ गया हो।

कथाकार बार-बार देखता है अपना पृष्ठ पढ़ता है,
और सोचता है कि कहाँ खो गया है जीने का अंदाज।
कभी-कभी कथाकार की कहानी कविता बन जाती है,
और कवि जी की तरह सीना उत्तान हो जाता है।

इधर थोड़ा ताक लीजिए!
कथाकार पृष्ठ छोड़कर चला गया अधूरा।
वह अभी लिखेगा, वह बेचौन है,
वह नहीं लिखेगा तो जी नहीं सकेगा।
कई दिन तो वह शाम को खाना खाता है एक टाइम,
और किसी दिन तो दस कप से ज्यादा चाय पीता है दूधवाली।
वह पेट की गैस से परेशान है। ...हाँ, वह इधर ही बैठा है!

हाँ-हाँ इधर है तीन पृष्ठ धुआँ उठाने वालों का,
बवंडर फैलाने वालों का भी तीन।
और आतंक के तो दस-बारह पृष्ठ हैं,

जो बिलावजह सीमा बाँधते हैं, गोली चलाते हैं,
और कथाकार के पृष्ठ बढ़ाते रहते हैं।
कुछ कथाएँ देर तक नहीं रहतीं, दम घुटने लगता है।
और जो कहानी पढ़ने से डर जाते हैं वह तो मर ही जाते हैं।
पाठक कभी-कभी विस्तार भी चाहते हैं, और कभी बस थोड़ा सा।

यह कथाकार जानता है कि दही तो सारी रात वहीं मथता है,
कि भोर होने तक कुछ मक्खन तो निकले!

और पाठक भी सारी रात जागता और पढ़ता है—
कभी पेट के बल, कभी बैठकर, कभी पीठ के बल।
पाठक कथा में अपना घर और सामान देखता है,
वह छत की ओर देखता है,
कि कहीं कमजोर तो नहीं हो रही है,
पानी टपक सकता है, क्या करें वह इस बरसात में!
पाठक कहानी छोड़कर गृहस्ती समेटता है।
एक बार तो वह डर गया कि छत भहरा न जाए।
अपने सामान में दबा वह अभी जिंदा है।
...अब वह कथा फिर से पढ़ेगा।

मजबूत पाठक ने कई पृष्ठ खोल दिए हैं,
वह कथा का पोल खोल देता है—
हे कथाकार तुमने यहाँ तीन पृष्ठ खाली छोड़ दिए हैं,
और आगे के तीन पृष्ठ बिलावजह के हैं!

कथा में कथाकार और पाठक दोनों मरते जीते हैं,
लौटना भी वे जानते हैं जहाँ से शुरू हुई थी भूमिका वही!

आगे के पृष्ठ बहुत गड्ड-मड्ड हैं—
कहीं कारखाने का मालिक पगार नहीं देता,
तो कहीं ठेकेदार के आदमी पीट देते हैं।
वह गलीचे बनता है, मखमली घास काटता है,

और किसी सड़क बनाने वाली गिट्टी पर सो जाता है।

एक बार तो वह घुन मारने की दवा चख लिया था,
और किसी तरह बच गया था मरने से!

पाठक कई बार देखता है कि उसका कथाकार जरूर यहाँ मरा होगा,
और यहाँ वह सीना ताने खड़ा होगा।
पाठक जानता है कि उसका कथाकार उसे मरने नहीं देगा,
और वह आगे का पृष्ठ खोल देता है।

कथाकार को बरसात पसंद है,
वह भीगकर बीमार होता है, फिर भी खुश है,
कि यह मौसमी बीमारी तो होती रहती है,
और वह खुश है कि उसका किसान अन्न भर देगा!
अरे यहाँ जीवन तो देखो जी! हरा-भरा!

कथाकार को गर्मी में मजा आता है,
कि वह बिना कपड़े वाले को कोई नंगा नहीं कहेगा,
और उसे तपते सूरज में आने वाली बरसात दिखाई देती है।
अरे विश्वास तो देखो जी!

जाड़ा अच्छा लगता है कथाकार को,
वह सोच सकता है अलाव तापते हुए,
वह जानता है कि अलाव एक सूत्र में बाँधता जरूर है।
और माघ बदरी में थोड़ा पानी कितना जरूरी है!

तमाम जीव जंतुओं के साथ कथाकार व्यर्थ नहीं होता,
लेकिन नदी में बहती लाशों को देखकर—
वह अपने होने का अर्थ समझना चाहता है!

अभी-अभी वह पाठक के साथ बैठा है।
पाठक को दर्द है,

और वह कोई दवाई नहीं खाना चाहता।
वह चाहता है कि कथाकार एक दिया जलाए,
और कोई पीड़ा-हर कथा सुनाए—
जैसे, बिल्ली चूहे को दौड़ाकर थक गई...।
पुल बना था दस साल पहले, और वह परसों टूट गया,
लेकिन कोई मरा नहीं...।
लोकतंत्र में सबसे पढ़ा लिखा आदमी चुनाव जीता है...।
वह गरीब इस जाड़े में रजाई पा गया है,
यह खुशी की बात तो है ही।

पाठक बहुत कुछ सुनना चाहता है,
उसकी इच्छा है कि कथाकार सारी पोल खोल दें,
और जिंदा रहे कथाकार!

मैं कहना चाहता हूँ कि मेरी भाषा

मैं खूब लिखकर खुश नहीं था, प्रसन्न मेरी भाषा नहीं थी,
सिर्फ रक्षा के धागे दाहिने हाथ में बाँध,
एक भाषा की पुस्तक काँख में छापे लुकता-छिपता रहा।
विषय नहीं था कविता के लिए,
जो कविता थी उसमें सिर्फ विषय था।
विषय और बिना विषय के बीच बोली-बानी का ख्याल आता जाता रहा।

मेरे मित्र ने कहा—
तुम बहुत गरीब हो लेकिन मूर्ख भी हो यह आज जाना।
अपनी भाषा में कविता करने वाले की यह दशा!
जो अपनी भाषा के धनी हैं वह जरूर कविता जानते होंगे।

मैंने कहा— भाई कर्ज है सिर पर भाषा का,
इसका अर्थ यह नहीं कि मैं निर्धन हूँ, और बेवकूफ तो कतई नहीं।
मैं जानता हूँ लुटेरे कौन है,
कौन बेहिसाब खर्च करके पैसा बहा रहे हैं गंदे पानी में।
मुझे उनके ठिकाने का पता है।
मैंने तमाम गड्ढे-गचकी वाले रास्ते तय किए हैं।
और सकरी गलियों में खूब घूमा हूँ।
भाषा लेकर तुम लुको छिपो मत! मैं तुम्हारे सामने खड़ा हूँ।
वाह रे मेरी चमकदार भाषा! अरे इसे मुझे चलाना बखूबी आता है!

मैं कविता लिखता हूँ अपनी भाषा में।
भाषा ने कहा— मैं प्यार करती हूँ!
जब यह सुना, तब जाना जीवन जाना।

मैं किताब बेचने लगा हूँ।
लोग मुझे चिढ़ाने लगे कि जहाँ रवि पहुँचे वहाँ जाने लगा है।

यह व्यापारी है पूरी देह पर पुस्तक लादे रहता है,
एक हाथ भी खाली नहीं है।

मुझे लाज नहीं आती थी,
सहारा नहीं चाहिए था, मैं परेशान नहीं था अपनी भाषा से,
भले कह लो कि सिर्फ दो पैसे का सामान है इसके पास,
फर्क नहीं पड़ता।
मैं तुम्हारे मोह तोड़कर तनाव से दूर हूँ, बिना किसी पीड़ा के।
वाह रे! मेरी कविता, वाह रे! मेरी भाषा।

मुझे ज्ञात हो गया है—
लाशों पर नाचने वालों की भाषा,
भाषा भी अजीब है कि अमीर की भाषा तो कुछ और है,
खूब नाचती कूदती है, भाषा कभी भीतर नहीं धँसती,
शराब के नशे में तो और हो जाती है,
कभी भजन नहीं गाती,
कभी राज राजा रानी के किस्से नहीं कहती।

हम हैं कि भाषा को भीतर तक धँसा देते हैं,
कि जीवन चले, रोटी की बात हो, कुछ कथा-कहानी सुन सके,
कुछ असली स्वाद मिले आँखों को।
कुछ तान छिड़े कि घंटों निहारते रहे— नदी पर्वत वृक्ष या बच्चे...
कि जंगल में मोर नाचते देखूँ, कुछ कानाफूसी हो,
कुछ कन-भूसी छोड़ाऊँ, कुछ लुद्दा-पुद्दा हो,
और गाँव के साथ खड़ा रहूँ शान के साथ,
पानी के साथ कुछ ठोस भी हो।
मेरी भाषा का विश्वास बड़ा निश्चयी है!

भाषा रिक्त नहीं थी बहुत जगह थी,

अपनी भाषा के साथ तमाम लोग थे, मैं भी वहीं था।

छिपने के लिए तमाम खंभे थे ओट थे,
लोग मनमाफिक छिप रहे थे,
मैं भी मुँह छुपा रहा था लेकिन आँख खुली थी।

लोग खूब गा रहे थे कविता,
खुली छूट थी मैं भी तान छेड़े था अपनी भाषा में।

लोग तौल़ रहे थे भाषा,
मैं कतार में था पासंग छुड़ाकर तराजू बाट लिए,
मेरे साथ कविता थी, और मैं था अपने स्वर के साथ।

भाषा के साथ स्त्रियाँ थीं, पुरुष थे, जवान बूढ़े और बच्चे भी,
और तो और हर उम्र के थे अलग-अलग लोग।
मैं भी था वहाँ अपनी चार अवस्था में।
एक स्त्री गीत गा रही थी और एक पुरुष ढोल पीट रहा था।

झूठे लोग थे भाषा के साथ, दो जल्दी-जल्दी मर रहे थे,
जो सही थे वह गिर कर उठ रहे थे।
मैं रूठा था कि मैं कहाँ झूठा हूँ।

कुछ ऐसे थे कि एहसास था कि सहारा मिलेगा जरूर।
मुझे विश्वास था कि एक लाठी टेक है मेरे पास।
कुछ को कल्पना है कि मैं लड़खड़ाता था, और मुझे जोर लगाना था।

कुछ की देह भरी थी फूली फूली,
और भारी तोंद! सो बीमारी घेरे थी,
मैं तो कंकाल में ही था कि अँतड़ियाँ झलक रही थीं,
लेकिन बीमार नहीं था, बस दूर तक चला नहीं जा रहा था।

मैं जानता था कि खा पीकर टंच हो सकता हूँ,

और वे पिचक नहीं सकते थे।

मेरे पास दवाइयाँ थीं, जो घर-घर बाँटता था भाषा के साथ,
और छाँट देता था बेरहमी से द्वार पर लटके अतिक्रमण।
मुझे डर नहीं था कि मैं गीत गाता हूँ, और वे डरते थे गाने बजाने में।

मैं कीड़े बहुत निकाल चुका हूँ।
पहचान गया हूँ कि पहाड़ पर चढ़ गया हूँ।
मैं संबंध नहीं तोड़ता कि सपने नहीं देखता, जहर नहीं परोसता।
मेरे पास झोली थी, मेरे पास फूले पेट की गैस निकालने वाली गोली थी।
मैं पागल नहीं था, मैं धँसता रहा देरतक जबकि दलदल मेरे पास नहीं था।

...मेरे पास क्रोध नहीं है भाषा का।
...मेरे पास है, यातनाओं के समय बोले जाने वाले शब्द।
...मेरे पास अब भी है भाषा की परिभाषा।
...और बँधे हैं रक्षा के धागे दाहिने हाथ में,
किसी खास मौके पर संबंधों के धागे मेरे हाथों में।

मैं लुक-छिपकर नहीं आता हूँ अपनी भाषा के साथ

आप सभी को मेरा भाषाई नमन है!

सुक्खू और दुक्खू

खेत की मेड बाँध रहा है सुक्खू,
वह बचाना चाहता है उर्वर माटी को बहने से,
उसका भाई दुक्खू पढ़ा-लिखा है, दोनों बहस करते हैं,
और श्रम-ज्ञान के बीच में अलाव जलता रहता है।
तापते हैं दोनों जब जाड़ा होता है। यहाँ अलाव से जीवन जिन्दा है।

दुक्खू बोलो! क्या तुमने सुनी है सूर्य की क्षमता।
तुम क्या जानते हो प्रेम के बारे में।
तुम कैसे देखते हो किसी स्त्री के सौंदर्य को।

हाँ जानता हूँ सूरज, सकुखू ने कहा था— सूरज खराब हो चुका है,
तपता जाता है हमसब किसी न किसी दिन मर-खप जाएंगे,
और मैं तो किसान हूँ, भला सूरज के बिना खेती कैसी!
सूरज तो आप की भी जरूरत है, वह देखिए भोर हो रहा है,
सूरज लाल थाल सा हो गया है, आप भोर में उठे हैं तो खींच रहे हैं फोटो!
लाल गोल सूरज को मैं रोज देखता हूँ इसी समय,
सानी-पानी के बाद गाय भी इसी समय दूहता हूँ।

और सुन दकुखू, यह सूरज चंद्रमा तारे और सभी ग्रह छली लगते हैं।
ज्योतिष बाबा जो बताते वह कभी नहीं होता, सब उल्टा अर्थ देते हैं,
कहते हैं वे यहाँ बैठा है सूरज, यहाँ चंद्रमा,
और सनी इस कोने में तो राहु फलाने जगह।

दुक्खू बोला— देखो! आग की लपट, मुझे लग रही है कोई कामातुर स्त्री,
देखो! वह देह तोड़ रही है न!
इस समय अँगड़ाई को देखने का सुख हम ही ले रहे हैं।

अच्छा बताओ किसी स्त्री को देखते हो तो क्या सोचते हो।

वैसे सूर्य तो बड़े लोग होते हैं,
हमसब तो माटी के ढेला जैसे हैं।

सुक्खू की दोस्ती खटाई में पड़ जाती यदि वह चुप रहता—
मैं औरत को देखता हूँ तो सोचता हूँ कि यह धान रोप सकती है कि नहीं,
चारा कितना काट सकती है, कितनी भैसों का दूध निकाल सकती है,
वह दुबली पतली तो नहीं हो रही है। इसे घी-रोटी खिलाऊँगा,
खूब दूध-भात दूँगा। देह से ठीक रहेगी तो जाँगर बना रहेगा।
वह धान रोपती है तो उसका झुकना खूब भाता है,
और जब चारा काटती है तो उत्तान होती है, कभी थोड़ा झुकती है,
तो मैं मशीन मैं चारा लगाना भूल जाता हूँ।
हँसती है तो उसकी ढोंढ़ी हिलती है।
वह हँसती है तो उसके उजले दाँत देखता हूँ।
हम दोनों काम करते हैं दुक्खू और बड़े मजे से रहते हैं।
और सुनो दुक्खू! तुम पुराणों की वंशावली में फँसे हो,
इससे भैंस का दूध नहीं निकलता, न तो गेहूँ पकता है।
देखो जाकर देखो! कि यहाँ जवान बीमार क्यों हैं।
और उसकी जवान बीवी का बच्चा पैदा होते ही मर क्यों गया।
और अब आगे किसका राज आने वाला है!

सुक्खू रोने लगा!

मिट्टी के घरों में हजार बार सेंध लग चुकी है।
घर शीतल तो था लेकिन ढह जाता था बरसात बाढ़ में।
द्वार पर बड़ा सा पेड़ छाँह तो देता था,
लेकिन उसकी आधी डाल टूटकर घर का खपरैल उजाड़ देती थी।
घर के आगे कुआँ था, तब खूब ठंडा और गर्म पानी देता था,
दाल पक जाती थी उसी पानी से,
लेकिन बाद में कीड़े पड़ गए थे और हैजा फैल गया था।

क्यों दुक्खू तुम्हारी किताब में क्या लिखा है कवि ने ?

वह कवि राजा का दरबारी था।
वह अपनी कविता से क्यों नहीं समझाया,
कि सेना किसानों–मजदूरों की फसलों को रौंद रही है,
और उन्हें मार–पीट रही है। यह बन्द होना चाहिए राजा साहेब!
एक कवि घोड़े पर बैठा था, उसका घोड़ा मेरी खड़ी ज्वार चर रहा था।
कवि देख–समझ रहा था गोंइड़े की जमीन,
वहाँ अब बनेगी घुड़साल।
और लूटते रहेंगे मजदूर किसान के घर की इज्जत ये घुड़सवार!
बोलो कहाँ था कवि!
कवि राजभवन की अतिथि–शाला में आराम कर रहा था।
और किसान खेत जोतता रहा।

दुक्खू सुनो!
पूरा गाँव बीमार था, और फरमान जारी था कि राजा का महल बन रहा है,
सभी जाएँगे, ईट गारा करेंगे। और कहा गया कि दवाई खत्म हो गई है,
घास पत्ती से बीमारी दूर करो।

अब राजा से कोई कुछ माँग दिया तो कोल्हू में पेरा जाएगा।
एक चुटकीभर मिलने की बड़ी सजा हम भुगत रहे हैं!

दुक्खू हमसब डरे हुए हैं।
तुम्हारी किताब में मेरे लिए कुछ लिखा है तो बताओ कोई मंत्र, कोई कथा, कि
उसे सुनकर सुधर जाए यह जीवन।
और हमारा भगवान खुश होकर राजा से नाराज हो जाए।
यहाँ तो राजा को सजा होनी ही चाहिए!

आओ दुक्खू! गुड़ की एक डली मुँह में रखकर चूस लो!
तुम्हारी खाँसी ठीक हो जाएगी, यह विश्वास है, यह गुड मेरा है!
और सुनो! सभी धन्ना सेठ हमारा ही अन्न खाते हैं,
और हमें कमजोर कहते हैं, और अपने बड़े बनते हैं।

हमारे ही कपास के कपड़े से उनका तन ढकता है,
और हमें नंगा कहते हैं, और सिखाते हैं हमें तमीज— बेवकूफ!

यह मिट्टी बालू पत्थर जंगल हमारा है,
हम प्रेम करते हैं, रखवाली करते हैं,
किसी कवि की तरह नहीं कि कविता गा दिया और हो गया प्रेम।
कवि को मिल गई सोने के सिक्कों की थैली।
और सुनो! हम सूरज से नहीं डरते चाहे वह जितना उगले आग!
हम तपते रहते हैं, और करते रहते हैं अपना काम।

सुक्खू ने डरना छोड़ दिया है, वह लड़ता नहीं,
और लड़ने पर हारता भी नहीं, वही हमारी जीवन ऊर्जा,
वही हमारा जीवन-पानी!
सुक्खू को छोड़कर भला कौन जी सकता है!
न राजा न कोई धनी, न चोर-डाकू न सिपाही!

और आज सुक्खू का दिन है,
उसके आगे कौन बोल सकता है! दुक्खू भी नहीं।
आषाढ़ का पहला पानी आज ही गिरा है!

दुक्खू की किताबें और उसकी याद की गई उपमाएँ रखी रह गयीं,
उसके सामने जिस कवि का चित्र बना था, वह भी धुंधला होता गया।

सज्जनो ! चलो थोड़ा धर्म की ओर

चलो धर्म की ओर चलें और लड़े,
कुछ कहें और किसी की न सुने, और धर्म ग्रंथ पढ़ें,
और देख ले किसी देवता का आलस्य,
झूमते हुए रहे हुए गुदगर गद्दे पर,
वैसे भी नाग की देह से अच्छा गद्दा क्या हो सकता है,
क्या तुमने कभी सर्प की देह पर लेटकर देखा है,
नहीं न ! तो कल्पना में जी लो,
यही सिखाता है हमारा धर्म !

लेकिन बुद्धि हमारे पास है।
देखो तो कहाँ जहर है और कहाँ नहीं,
अरे यह तो हम जानते ही हैं फिर भी जहर पी रहे हैं !
हाँ धर्म में एक अच्छी बात है कि संतोष करो !
लेकिन कोई सतोषी नहीं दिखा,
वैसे पूजा संतोषी माता की शुरू हो गई है !

तो बाँधो बोरिया-बिस्तर और चलो एक साथ,
सब काम धाम छोड़कर धर्म की ओर,
और बैठ जाओ किसी मंदिर की सीढ़ी पर,
या फिर किसी मस्जिद के आगे बने चबूतरे पर,
या फिर चर्च की दीवार से लगकर खड़े हो जाओ !

मन उस दिन खो गया था सोचते हुए धरती की बात।
वह अपनी कविता में सर्द रात,
और गीत में हिमालय का शिखर सोच रहा था।
वह बहुत ठिठुर रहा था और अपनी कहानी सुनाने लगा,

कि इसी दर्रे से आए थे कुछ लोग अपनी बहुत सारी चीजें लेकर,
और फिर यही रहना चाहते थे, कष्ट और दुख चाहे जितना हो।

रक्त चाहे जितना बहा हो, वे गए नहीं,
उन्हें रहना था और रहना आता था, यहीं के हो गए।
और जो यहाँ के थे वे, वे यहाँ के बेगाने जैसे हो गये।

मेरी अम्मा सतनारायन की कथा पूर्णमासी को जरूर सुनती थी,
वर्ष में बारह बार, खूब पंजीरी बँटती थी!

धर्म के पृष्ठ पर अखबार में कल छपा था,
कि वह चेहरा कुरूप है इसकी शिनाख्त होगी,
कि यह कौन था जो अपने को सुंदर कहता था मेरे रहते।
उसके सीने पर लिखा था कि वह अंग्रेजों से लड़ा था,
और कोई धार्मिक पुस्तक नहीं पढ़ा था।
उसने देखा था कि शहरों का सुंदरीकरण हो गया है,
यह देखकर बगल का गाँव हँस रहा है,
कि यहाँ टट्टी कमाने वाली एक स्त्री रोज आती है,
गली में उसकी आवाज सुबह-सुबह गूँजती है—
राख निकालो और दो मेरी टोकरी में...
उस आदमी का कोई कसूर नहीं था,
फिर भी उसकी पीठपर लाठी बरसी थी, सिर फूट गया था,
गहरी चोट लगी थी टाँग में। उसकी राख में आग सुलग रही थी!

यह बोली तो अपनी है, और वह शास्त्र बोली किसकी है?
पढ़ा तो नहीं हूँ, पढ़ने भी तो नहीं दिया,
और ऐसी भाषा समझ में तो कभी आई नहीं,
मैं तो जानता था अपनी माटी की बोली...
कौन है जो मेरा रास्ता घेरता है?
अरे यह तो वही है जिसकी भाषा हम नहीं समझते!

मेरी माई रोज लोरी सुनाती रही,

और अपने खानदान के विषय में बताती रही— खेत, घर, संबंध, लड़ाई...

यह धरती किसके बाप की है!
क्या धर्म में यह लिखा है तो बताओ!
जो कहते हैं कि वे धार्मिक हैं, बाकी बेकार हैं,
हम तो बड़े उदार हैं भाई और चरित्रों से जान चुके हैं आपको,
अंग्रेजी राज नहीं है, अब तो सब अपना है, तो फिर यह भेद क्यों?
धर्म यही कहता है क्या कि भेद है तो धर्म है?
हाँ, तभी तो मना किया गया तुम मत पढ़ो वेद,
मत जाओ किसी मंदिर के भीतर,
भले कामकला की मूर्तियां बनी हो दीवारों पर,
और लिंग और योनि की पूजा तो हमारी संस्कृति है न!
हाँ भाई! यहाँ भी लिखा है कि गैर फलाना इस मस्जिद में नहीं जा सकते।

बाबा शौच कर आए हैं खेत में, उन्हें बैठा नहीं जाता,
वे खड़े-खड़े टट्टी फिरते हैं, कोई धोने वाला नहीं है,
वे किसी तरह स्वच्छ होते हैं,
और पूजा पर बैठते हैं।

भाषा बोली हमारा सुखद संप्रेषण है।
इस धरती पर रहना है तो बोलना ही होगा,
और भाषा होगी कि वह जहाँ पहुँचना हो पहुँचे।
झगड़ा क्यों है भला किसी धर्म की भाषा होती है, और है तो धर्म व्यर्थ है।

भौजी ने भात पकाया था लेकिन भैया खिचड़ी खाना चाहता था,
बहुत दिनों के बाद मनगर हुई थी भौजी और भैया भी,
भैया का पेट साफ हो गया था और भौजी का रितुकाल भी नहीं था।
आज बाबूजी को आँगन में आना मना था, उन्हें बैठक में ही रहना था।
वे पढ़ रहे थे कोई किताब, जिसका अर्थ ठीक से वही जानते थे।

खोल दो जो पृष्ठ हों तुम्हारे पास।
अर्थ हो तो बता दो,

और धागों को पूरकर फुस्स होने से बचा लो!
और यहाँ रोटी है तो रुको भाई! नहीं तो चलते बनो!

बंदूकें क्यों तन जाती हैं!
सीना इतना खाली थोड़े हैं कि कोई आए और व्यर्थ कर दे छाती!

यदि तुम धर्म थूक दो, जाति को मसल दो,
तो तुम खुले रूप से किसी बिना पर्दे वाली स्त्री के साथ घूम सकते हो,
एक कच्छा पहनकर!

बाबूजी गर्मी में केवल जाँघिया पहनते थे,
और माँ बिना ब्लाउज की साड़ी।
बच्चे तो नंगे घूमते ही थे!
वे नहीं जानते कि कुत्ता भी कपड़ा पहनता होगा।
हाँ जाड़े में भैंस को बोरा जरूर ओढ़ाते थे,
जिसे वह जमीन पर गिराकर उसी पर बैठती,
गोबर करती और मूतती रहती।

हृदय धड़कता रहता है

तेज धड़कता है,
सहज नहीं रहता हृदय जब लिखने बैठता हूँ।

अब कौन सी कविता लिखूँ कि अपने रामजी को पसंद आ जाए,
पके गेहूँ के दाने अपने कृष्ण को याद करते हों,
कि वह जल्दी हँसिया लेकर आ जाय खेत में।

मैं घर द्वार की कविता नहीं चाहता,
राजनीति ने तो उबा ही दिया है,
और धर्म बाँट देता है जब चाहे तब!

तो बचे अपने रामजी,
जो अभी सानी-पानी खिलाकर बाल्टी भर दूध लिए चले आ रहे हैं,
और कृष्ण गेहूँ का बोझ सिरपर लादे खलिहान की ओर...

मुझे हृदय रोग नहीं है,
लेकिन कविता का नाम सुनते ही हृदय को पता नहीं क्या हो जाता है!
कि एक मिनट में सौ बार! फिर तो कविता टुकुर-टुकुर तकती रहती है।

देख हृदय फेल न होना, मेरी कविता बदनाम न करना,
यह मामला तेरा ही है हृदय, मेरा नहीं!

कहानी के विषय-विचार में कई दिन आधा पेट खाया था,
और भारीकर बैठा था अपना सिर।
पता नहीं कहाँ से चली आती थीं घटनाएँ—
चोरी, हत्या, स्त्री से जबरदस्ती की जरूरत क्यों है।

धोखा, घूस के बिना काम चल सकता था लेकिन...
खड़ी रहती थीं तमाम घटनाएँ मुँह बाये,
जो रामजी को पसंद नहीं थीं और कृष्ण तो मुँह फुला लेता था।

मैं चाहता था कि कहानी लिखूँ उस राजा की,
जो ऐसी घटनाओं की खबर ले और संहार करे।
पुराण कथाओं में संहार करने बात लिखी है,
लेकिन रामजी पुराण कथाओं से ऊब चुके हैं,
और .ष्ण तो सुनना ही नहीं चाहता।

मैं रोज पीता हूँ अर्जुन की छाल का अर्थ, जो हृदय को पसंद है।

मुझे क्रोध आता है, मैं अपने बुद्ध को भूल जाता हूँ,
किसी छोटी घटना पर मैं असहज हो जाता हँ,
और मेरा हृदय अर्क-अर्जुन फेंक देता है।

मेरे हृदय को लोभ हो गया है, कुछ न मिलने पर गुस्सा करता है।
वह सत्ता चाहता है, जहाँ वह अपना जीवन नर्क कर दे,
और खुद को धक्का देकर विदा ले ले इस संसार से।
ऊब गया है हृदय आज की दुनिया से!

मैं अपने हृदय से बतियाना चाहता हूँ—
क्या चाहते हो, लिखना छोड़ दूँ!
सरकार तो कहती है, कि हमें किसी लेखक की जरूरत नहीं है,
हमें वोट चाहिए, चाहे वह कोई भी हो!
जिसके पास हो ढेर सारा वोट है वह मेरा सगा है।
सरकार को एक व्यापारी चाहिए जो धन दे सके,
कुछ बंदूकधारी जो वोट निकलवा सकें ,
कुछ झूठ बोलने वाले भी जिनकी बोली सच लगे।
तुम लेखक हो तो अपना रक्तचाप नापते रहो!
और पढ़ते-लिखते रहो क ख ग घ...
सरकार ने फैसला किया है—

तुम्हारी कविता-कहानी स्टील की अलमारी में मुहरबंद कर दी गई है।

मैं हृदय हीन हूँ, पहाड़े याद करता हूँ,
दुकान से सामान लाना ही काम है मेरा,
राजा दुकान से सामान नहीं खरीदता।
क्या मुझसे पहले राजा का हृदय बंद हो जाएगा!
कहीं-कहीं, कभी-कभी बहुत कुछ का विश्वास करना पड़ता है।

पत्नी चिढ़ती हैं,
कि जब देखो तब कागज कलम लेकर बैठ जाते हैं,
घर की फिकर किसे है जी!
मैं ही बनाती हूँ— भात, रोटी, अचार, चटनी...
छोटू जाग गया है और इन्हें बस कलम चाहिए,
जो जमीन पर गिर गई है, टूट गयी है उसकी निब!
गवना विवाह और बूढ़े बाप का ख्याल कहाँ है!
खेत भी उठ गया है, उसे जोतना बोना जरूरी है,
और ये लिख रहे हैं कहानी, बना रहे हैं कविता!
बाप रे ऐसा भी कोई मनई होता है!
अरे किसी दिन पुलिस पकड़ लेगी!
कि यह कोई काम नहीं करता है,
यह बेकार है, इसे जेल में डाल दो!

मेरा कलेजा धक-धक करने लगता है।
मैं क्या करूँ? कहो तो चलूँ और बी पी नपवा लूँ!

मेरे सामने मेरा हृदय राजा बनकर खड़ा है,
उसके साथ हथकड़ी लेकर शहर का कोतवाल आया है।

शास्त्र–ज्ञान

1.

करता है जो प्रकाश, उसके तल के अँधेरे को मत देखो!
देखो कि कहाँ तक गयी है रोशनी।
अँधेरा भी जरूरी है जगह से, वह जायेगा कहाँ!

भीगी है तेल से बाती, जलती है तो पानी मत डालो!
चुड़चुड़ करके बुझ सकती है, आग से पानी की दुश्मनी है।
और जब आग लग जाती है तो पानी ही जरूरी होता है।

दीप परम्परा है अब, और बल्ब जरूरत।
बिजली चली जाती है, होता रहता है बल्ब फ्यूज।
और महीनों में ठीक होता है ट्रांसफार्मर।
दीये से सटना, गमछे–दुपट्टे साड़ी–धोती जलाना है।
और कभी–कभी खुद जलकर मरना।

और यहाँ थोड़ी चूक से करन्ट लग जाता है,
जहाँ जान जाते देर नहीं होती।

परम्पराओं और जरूरत के बीच लालटेन भभकती है,
लेकिन बुझती कम है,
करना होता है ठीक से तेल–बाती।

यहाँ कुछ नहीं है, न दिया–बाती, न बल्ब लालटेन
यहाँ तेरस की रात है, चाँदनी है,
यहाँ भी जीया जा सकता है।

2.

हम मानते थे छूत-अछूत। थाली में खाते, पत्ते पर खिलाते,
लोटे से पानी पीते और अँजुरी से पिलाते।
हम जो कहते छंद में कहते और शास्त्र बघारते,
जैसे यही तन ढकने का वस्त्र हो!

वह भीगी अंजलि लिये, मूँछों पर चिपकी बूँदों के साथ आता है,
और जूठे हाथ, पत्ते समेटकर हमसे दूर चला जाता है।
और कहीं पानी मिला तो हाथ-पैर धो लेता है।
हमें छूत कैसे लग जाता है, पता नहीं!
मुझे उसके हाथ बहुत पसन्द हैं।

3.

मैंने मुँह कर लिया है पूरब की ओर,
जहाँ एक बेटा है और पत्नी, कभी पिता थे और माँ।
एक बगीचा था, और स्वेद सुखाने की हवा थी।
एक नदी थी जिसे रोकने-बाँधने के प्रयास में—
अपने अपनों से लड़ते रहते थे।

मैंने सुना है कई बार कि उसका बेटा किसी काम का नहीं है।
वह स्त्री तो हो गयी थी बहुत पहले चरित्रहीन।
और नीम का तेल लगाकर महक रहे हैं कई लोग।
इस बूढ़े का दम निकल चुका है बेगार खटते-खटते।
यह बीमारी फैलाता है और इसकी स्त्री भी सड़ चुकी है।
झूलते चाम का कभी कोई हुआ है क्या!

और मैं यह भी सुनता था— 'घूप तो मेरी है।
सब मेरे हैं— छाँह, नदी आकाश और हवा...'

और यह पसीना? यह तो मेरे पास ही रहता है।
घत् तेरे की!

4.

रामरतन ने पढ़ लिया है— एक दो और तीन किताब।
इंद्रावती ने गा लिया है— एक दो तीन भजन।
बच्चों के नाटक हो गये हैं— गणेश नारद राम कंस कृष्ण।
रामरतन की आलमारी में कई पोथियाँ हैं,
वहीं से याद किया है गीत इंद्रावती ने, और बच्चों ने संवाद।
रामरतन घंटों सुनता है व्यासों के प्रवचन पलथी मारकर,
उसके पैर में झुनझुनी चढ़ जाती है, और उसका ज्ञान... ?
वह बालू से तेल निकालता हुआ मिला।

तमाम ज्ञान समझ के साथ वह लोकतंत्र खोज रहा है।
शिव-शक्ति, नीति-ज्ञान, माया-गोविन्द से काम नहीं बना।
लोकतंत्र पुकारने पर उसे पुलिस पकड़ती है।
वह कभी-कभी वेश्याओं के घर में छिपता है,
जहाँ दुर्गा की फोटो टँगी है और आगे मिट्टी रखी है।
रामरतन जीवनभर चुप रहता है।

रामरतन रास्ते पर नहीं है, और बनाता है मार्ग-चिह्न।
वह किताबों से जान गया है कि कौन कामचोर है।
वह कूड़ा उठाता है, ड्राइवर है नगरपालिका में।
वह पूजना नहीं चाहता, जब कभी मिल जाती है पत्थर-पिंडी,
यहाँ उसका कूड़ा-ज्ञान काम नहीं करता।
वह रोटी खाकर कूड़े पर आराम करता है।

वह जानता है नकल का कमाल, और झूठ नहीं बोलता।
जो विज्ञ हो गये हैं, उनका अधूरापन देखकर हँसता है।

रामरतन ने बिस्तर पकड़ लिया है, और सुनता है—
'बुड्ढा समय से पहले सठिया गया है, लेकिन मरेगा नहीं।'
देख रहा है रामरतन कि कई लोग पोथी बाँच रहे हैं!

ढोंग

मैं एक ज्योतिष हूँ लेकिन खगोल नहीं जानता।
हाथ की रेखा देखता हूँ आँख बंदकर।
किसी के नाम का बनावटी ध्यान करता हूँ,
और उगल देता हूँ— बोलो मेरा कहाँ सच लगा कि नहीं।
तुम दुखी थे जो चाहते थे धन वह नहीं मिला,
स्वास्थ ठीक है लेकिन उदर कभी-कभी परेशान करता रहता है,
और जो चाहते हो बनना, वह बन नहीं पा रहे हो।
बोलो! मेरा कहा झूठ है कि साच ?

एक उपाय करो कि इस बार राजा बदल दो, धन-धान से भर जाओगे।
दवा-दारू से छुट्टी मिलेगी और बेटी के लिए भी वर मिल जाएगा।
जाओ एक मुट्ठी तिल, दो मुट्ठी जौ, पाँच किलो गुड़, एक धोती,
और पाँच सौ रुपए का एक नोट ले आओ,
एक ताबीज बनाकर फूँक मारकर दे दूँ तुम्हें कि ग्रह दूर हो।

मेरे जाल में बहुत लोग फँसते हैं, राजा भी फँसा था एक बार,
नतीजा यह हुआ कि रानी चिढ़ती रहती है राजा से,
और मुझसे पूछती है कि मेरा सुहाग कबतक कायम रहेगा।

मैं राजा के सपाट चेहरे पर बढ़ती दाढ़ी की कल्पना कर सकता हूँ।
मैंने कहा कि आप कुछ ठेके दिलवा दें— पानी, माटी, बालू, पत्थर के।
सब सच होकर रहेगा। जब आप लम्बी दाढ़ी रख लेंगे।

राजा चिंता में था कि अब तो उसका पतन शुरू हो चुका है।
क्या लम्बी दाढ़ी के साथ वह बेदखल हो जायेगा!
मैंने फिर कहा कि यह एक पक्ष है।

दूसरा पक्ष यह भी है कि आपको वैराग्य हो जाए
और आप एक महान आत्मा बन जाइए,
दुनिया आपको पूजने लगेगी। राजा की मुस्कान लौट आई है।

मेरे पास है एक बनावटी भाव।
मैं भाव खाता रहता हूँ और अपना व्यर्थ बेच देता हूँ।
अजीब मूर्ख लोग है कि बेकार खुज्झा खरीदकर खुश होते हैं।
मेरे चंदन के टीके, चोंगे, धोती, टोपी को देखकर मेरे पास आते हैं,
और रात लेकर चले जाते हैं, जैसे कोई चूरन हो!

जैसे भी हो जीवन तो बीत गया!
अब तुम सब बात मानो या न मानो, मैंने तो बीज बो दिया है,
एक पौधा लगा दिया है, वह धर्म–वृक्ष बढ़कर रहेगा,
इसे कोई नहीं उखाड़ पाएगा,
इसकी जड़ें तुम्हारी आस्था से जुड़ जायेंगी।

मेरा ढकोसला कितने काम का है जी।

बेचैनी

किसी चीज को देख बेचैनी हो कि कब छू लूँ।
लोकप्रियता के दिलचस्प आँकड़े बहुत ऊँचे है,
लेकिन पाना आसान है, और साफ भी है रास्ता और चिकना भी।
बस आना चाहिए तरल लगाना।
मैं एक किलो तेल, आधा किलो देसी घी लिये बैठा हूँ इन्तजार में।

सामाजिक खोखलेपन की तस्वीर दिखाकर ऊँचा उठा जा सकता है।
तमाम लोग विरोध करके ही आगे गये।
बुद्ध, यशु, कबीर और गांधी के विरोध को भला कौन नहीं जानता।
अपने को देखने की जरूरत है और अपनी आलोचना करने की भी,
फिर जो ऊँचाई मिलेगी तो वह बेचैन नहीं करेगी।

लोकप्रिय होना उतना जरूरी नहीं जितना महत्तवपूर्ण होना है।

आप देखते होंगे रोज एक ग्राफ का गिरना और उठना।

बढ़ती चिन्ताएँ... भारी होते भय... और बढ़ती दैनिक समस्याएँ...
अब तो जरूर किसी न किसी के सहयोग की जरूरत है।
अब किसी लौह पुरुष, महारथी योद्धा की जरूरत नहीं है।
इस समय सबको बुद्ध चाहिए।
यह अराजक समय हमें कुछ करने नहीं देता।
तो भाइयो! यहाँ मैं बहुत बेचैन हो जाता हूँ,
कि क्यों नहीं लोग समझते बुद्ध!

सभ्यता के विकास को ध्यान में रखकर,
मेरा महातीर्थ पर निकलना अब नहीं होता।

कितने गंदे हो गये नद! और कितनी गंदी नदियाँ!

कभी-कभी परम्पराएँ हमारे लिये बेचैनी बनाती हैं,
और फिर जीवन में ढ़ेर सारी गंदगी भर जाती है।

प्रेम कथाएँ भरी पड़ी है।
ठीक नहीं लगता तब,
जब गवाह होने के बाद भी प्रेम में स्वीकार नहीं होता।
पूर्ण मानकर करता हूँ प्रेम और खूब अनुभूति होती है,
लेकिन बेचैनी तब सिर चढ़कर शोर मचाती है,
जब कोई प्रेम में आत्म-हत्या करता है,
या किसी की हत्या हो जाती है।

संघर्ष में बेचैन होना ठीक नहीं,
मेरे जो दिन तब के थे, वे मुझे बेचैन नहीं करते थे।
तब बहुत ताकत मिलती थी, एक ललक बनी थी,
कि एक दिन सफल तो होंगे ही,
और इसकी स्मृति भी बनी रहेगी।
और आज सब याद है तब का।
उन दिनों में जो किताबें हाथ में आयी थीं वे सब याद हैं।
और कब-कब नींद हुई थी गायब यह भी याद है,
...और मैं बनता गया।

जो मौलिक चिन्तन करते हैं वे बेचैन नहीं रहते।,
वे व्यक्ति को निखारते हैं।
वे जो सोचते हैं किनारे बैठे,
वे देखते है कि वे कौन लोग हैं जो बेचैन है।
और वे उनके लिये जरूरी हो जाते हैं।

चिड़िया

एक चिड़िया उड़ गई, स्फुटन हुआ।

वह वहाँ गई जहाँ पानी है,
पानी खोजने में उसे डर नहीं लगा।
और वह कुआँ खोद नहीं सकती।

वह दिनभर तलाशती है अपनी खुराक, उसे डर नहीं लगता।
भरपेट मिल जाती है खुराक। वह अनाज बो नहीं सकती।

वह बनाती है अपने लिए घर जिसे वह घोंसला करती है।
वह अपने घर के लिए जुटाती रहती है—
सींक, पतली लकड़ी का कोई टुकड़ा लेकर उड़ती रहती है।
आदमी से पहले उसे ही ज्ञान हुआ था कि एक घर होना चाहिए।

वह करती है प्रेम। लड़ाती है चोंच,
उसका प्रेमी उसके साथ रहता है।
सही समय पर होता है उसका प्रेम, वह अंडे देती है।
वह बीज गणित का सवाल हल नहीं करती,
उसे जीवन आता है, गणित नहीं आता है।

कितना अच्छा लगता है जब वह उड़ती है।

एक दिन वह कहने लगी— 'शर्म आती है कहने में
कि कुछ पक्षी घोंसला नहीं बनाते।
छिपने की जगह खोजते-पूछते रहते हैं,
जैसे वे कोई पशु हों भारी भरकम— हाथी, भैंसा, गैंड़ा।'

वह मेरी मुँहलगी है, कहने लगी—
'मैं अपने घर में खुश हूँ कि घोंसला तो है।
हमारा प्रेमी हमारी ध्वनि समझता है,
और बतिया लेता है मूँड़ी हिलाकर।

तुम जीना चाहोगे पक्षी का जीवन।

मैंने देखा— बच्चे हुड़दंग मचा रहे हैं,
पतीली निहार रहे हैं कि कब भात पके।
और मैं देखता हूँ कि एक चिड़िया चोंच में कुछ दबाए,
घोंसले की ओर जा रही है। और हवा झुरुक रही है।

कबीर तुम कहाँ हो

तुम ईश्वर नहीं हो कबीर! देखा है मैंने तुमको कपड़ा बुनते हुए।
हिन्दू, कभी मुसलमान से लड़ते-भिड़ते तुमने गाया था निर्गुन।
अपनी झींनी चादर में तुम नियमित रहे कबीर!

हमने जीना चाहा कबीर। हमारा भी जन्म हुआ है काशी में,
और लिलार पर जन्म से लिख गया था स्वर्ग,
तो समझो मेरी मस्ती और इन्द्र की सभा का नाच-गाना समझो।
और कहीं दूर बस गया होता तो नर्क तो जरूरी था,
और तब तय था कड़ाही में ताला जाना।

मगहर हो या काशी, कबीर कहीं नहीं दिखे!

कितनी पतली कमर है,
यह श्रम-शक्ति का कमाल है की लचक जाती है,
बिना किसी संगीत संकेत के सिरपर बोझ रखते ही,
चाल में गति और कमर में लचक आ जाती है।
तो क्या समझूँ कि नृत्य की शुरुआत श्रम से है!
अब तो नृत्य एक आनंद है और नूपुर एक संगीत।

कबीर ने अपना काम नहीं छोड़ा और उनके मन का संगीत भी बजता रहा।
और वे जरूर उनके भीतर एक नृत्य था, उनकी चाल सधी थी।

कबीर कहाँ है तुम्हारा निर्गुण, अरे एक साखी ही गा दो!
कहाँ कोई गा पाया इतना, जितना तुम गाये बेधड़क।
कहाँ कोई सह पाया इतना, जितना तुम लादे रहे कपारपर।
तुम कितना मदहोश हुए थे कभी गाकर निर्गुण!

कहाँ किसी ने माला तोड़ी, किसने अपनी गागर फोड़ी,
और कह दिया कि भला हुआ गागर फूटी।
किसने समझा कंकर-पत्थर का अर्थ।
तुम्हारे सामने ही हँसते मुस्कुराते निकल जाते हैं लोग,
और कहते हैं कि कौन था कबीर?

कबीर! मेरी पत्नी मेरे लिए खाना बनाती है,
और वह तुम्हारी तरह अपनी बात समझाती है,
वह तुम्हें जानती है,
लेकिन कह नहीं पाती थी कि मैं समझती हूँ 'कबीर।'

कबीर! तुम्हारे गले में खराश क्यों है?
मैंने चिट्ठी लिखी थी कोतवाल को कि यहाँ कोई डॉक्टर वैद्य नहीं है,
मेरी चिट्ठी को पहुँचा दो जहाँ डॉक्टर बैठा है।
कोतवाल मेरा गला पकड़ लिया था
मैं अपना हाथ उठाते हुए चौराहे पर खड़ा था,
मैंने कहा कि मैं कबीर की तरह बोलूँगा चिल्लाकर!
मैं वजीर के पास जाना चाहता था,
लेकिन मुझे कोतवाल ने जेल में डाल दिया।

काशी के घंट-घड़ियाल, काशी की अजान,
व्रत और कथाएँ काशी की, हाय-हाय कितना बुरा हाल है!
ऐसे शोर में भला जीने का मन करेगा। तुम भी नहीं जी सकते कबीर!
यहाँ तुम्हें अब कोई सोचने-समझने नहीं देगा, सब शोर मचाते हैं।
तुम एक बार फिर चौराहे पर खड़े होकर बोल दो!
कि काहे किसी का पैर खींच कर नीचे गिरा रहे हो!

मेरा कबीर जरूर कहीं कपड़ा बनता होगा, उसके पास व्यर्थ उपकरण हैं न तो
व्यर्थ का ध्यान। वह तो हमारा अपना है— मेरा कबीर!
सबको होना चाहिए— कबीर। क्यों कभी मैं सच कह रहा हूँ न!

बोलो कि कब बोलोगे कबीर? चौराहे पर खड़े होकर।

यह कविता का गद्य, संस्कार के लिए है

पहली अजोरिया रात –
उसे देखो वह बीज उग गया है, अब वह रोज बढ़ेगा।
उसे देखो वह पशु है कई बच्चों की माँ एक साथ बन गई है।
तुमने चंद्र देखा पूर्णमास का चंद्र! आओ चले आँगन में बैठें।
आधी रात बीत गई है मेरा मन आलिंगन का हो रहा है,
और तुम्हारा? हमें मिलना चाहिए, आओ मिले!

कुछ कहो, पाठ करो, तुम नदी सोच रही हो क्या? मैं तो नद देख रहा हूँ।
दोनों हँसे, और हाँ–हाँ कहा।

हमारे तीन वर्षा ऋतु बीत गए,
हम किसी न किसी बहाने मिलते रहे।
और आज जैसे आकाश कह रहा है कि रोको मत अपने को,
पूरी ऊर्जा के साथ अपने को खर्च कर दो!
हम सफल होंगे!

वह अपनी इच्छा पूरी कर चुका है भीगा है स्वेद से।
और वह भी संतुष्ट है,
आज जैसे भरपेट पानी मिल गया हो।

तोर का नाम है रे! और तोर का है रे! नहीं पता रे! हमहूँ नाहीं जानत रे!

विश्वास –
हम सफल हैं कि हम और होंगे।
हमारी इच्छा है यह,
और तुम्हारा मन क्या कह रहा है— यह कि वह।

चलो कुछ सोचते हैं और अन्न उपजाते हैं।

तो मैं कहता हूँ जौ,
और तुम क्या कह रही हो ? मैं तो कहूँगी ज्वार!
दोनों हँसते हैं।

सँभलना हुआ पहली बार किसी और के लिए –
छ माह बाद वर्षा ऋतु आ जाएगी। हम धान का बीज डालेंगे,
फिर रोपेंगे, खेतों में खाद खूब भरी है, धान अच्छा होगा।

तुम ठीक से चलो, समझी कि नहीं! यहाँ पानी गिरा है विचलन है।
कहता हूँ कि उनके घर मत जाओ। ऊँचे पर बना है, लुढ़क जाओगी।
तुम अकेली नहीं हो अब, ध्यान रखो, समझी कि नही!

नहीं बैठा जा रहा है तो काहे गोबर पाथ रही हो, रहने दो!
मैं बाजरा कूट दूँगा, जौ पीस दूँगा और भैंस को सानी–पानी भी,
समझी कि नहीं रे अरे बात नहीं मानती है रे! उधर का ताक रही है रे!
भैंस का थन तन रहा है, आजकल में बच्चा दे देगी।

बनुच्चर है का रे! अरे नाही रे! मैं हूँ रोपनी और तू है हरखू।
दोनों हुँकारी भरते हैं— हूँ-हूँ ।
दोनों हँसते हैं।

संसार कितना नया लगता है कि सब खुश हैं -
बूढ़ी माई चिल्लाई— कहाँ है रे बीजू! रजदेइया के दरद उठा है रे!
मोनी दाई को बुला दे रे!

बिजू का हड़बड़ी में घुटना छिल गया है। रजदेई की कराह कम है।
खुरपी आ गई है नाल कटेगी। एक युवा चिल्लाता है—
'खुरपी से नहीं! यह लो नया ब्लेड है।' सब उसका मुँह ताकते हैं।

युवक कोई गीत गाता है, शिशु की कल्पना में जीने लगता है।

वह सोचता है कि इसकी बुद्धि, उमर और ताकत कैसी होगी!
स्त्रियाँ चुप हैं, वे काम में लगी हैं। वे अभी नहीं गायेंगी।

बीजू को नहीं पता कि क्या कहना चाहिए,
लेकिन सोचता वह भी है कि यहाँ मैं ही हूँ, और यह बच्चा भी बूढ़ा होगा,
मेरी जैसी उमर पाएगा। यह पत्थर उठा लेगा जो मैं हिला नहीं सकता।
यह झूठ नहीं बोलेगा, इसका भी एक बच्चा होगा,
जब यह मेरी उमर का होगा।

बीजू अकेले में हँसता है।

जरूर कोई नाम तो चाहिए—

आज वह एक नाम देगा, वह खुश है।
वह पहले नाम सोचा था— उदित, तपेसर, फागुनी, बसंती

दो बरस का हो गया, नाम जरूरी था।
जो कहते थे उसे, अब वह नहीं कहा जाएगा।
कान्हा अब हो गया था घूरन।

उसने सोचा कि सोचा नाम नहीं होता यहाँ,
और सब सहनू, कतवारू हो जाते हैं। और भुलनी, फेकनी भी।
इतना हवन! इतनी आहुतियाँ! और इतना खाना!
और अपने देवता के आगे यही मिला नाम!

वह खड़ा हो गया— हाँ तो मुझे नहीं चाहिए नाम!
इतना झमेला क्यों? मुझे भी आता है रखने नाम।

दोनों सोचने लगते हैं और चुप रहते हैं।

आँगन से बाहरी द्वार तक -

तीन महीने से अधिक हो गया इसे निकालो घर से बाहर।
हवा कितनी अच्छी बह रही है।

अब सभी पवन बारी-बारी से अपनी चाल दिखायेंगे।

अभी बच्चा है चलना नहीं जानता,
इसकी अपनी भाषा है जो यही समझता है।
हम कोशिश करते हैं और इसकी मुस्कान पर खुश होते हैं।
और इसके रोने पर डर जाते हैं कि हुआ क्या है!

हवा बड़े प्यार से सहला रही है, चलो हवा बचाएँ।

धूप मीठी है। भला हुआ कि गर्मी वाली आँच नहीं है।
यह धूप ताकत दे रही है।

अरे देखो तो बहुत तेज है हवा! चलो घर के अन्दर!

अरे इतनी देर कोई धूप में रहता है भला! तीखी हो गई धूप,
चलो अन्दर! धीरे-धीरे धूप तेज होती जाएगी।

तुम समझी ? और तुम समझे ?

दोनों हवा-धूप सोच रहे हैं।
पानी का ख्याल बाद में आएगा अभी प्यास नहीं है।
दोनों एक दूसरे का मुँह ताकते हुए बच्चे को निहारते हैं।
बच्चा रंजन है अभी। और वे बच्चे का चुम्बन लेते हैं,
फिर एक दूसरे का। दोनों मुस्कुराते हैं।

माँ के पास दूध थोड़ा बचा है, अब चाहिए अन्न -
कई वर्षा ऋतु की नक्षत्रें चली गयीं पानी नहीं बरसा।

इस साल मृगशिरा नक्षत्र में सूर्य नहीं तपा था।
समय पर उमस नहीं बढ़ी थी, और हेमंत में पूस की रात कहाँ ठिठुरी!

लोग कहने लगे थे— 'हे भगवान यह क्या हो रहा है।'

मुसई बोला— 'होगा क्या! अब परलय ही बाकी है।
हमसब को बूड़-घँस जाना है। आदमी की अनीति भगवान देख रहे हैं।
भोगना तो पड़ेगा ही!'

'कई बरस से अन्न कम पैदा हो रहा है।
घर का काम चल रहा है किसी तरह, थोड़ी बहुत बनी-मजूरी के बाद।'
— मुसई अपनी मेहरी को दाँत दिखाता है, गाल पकड़ता,
लेकिन नोचने से पहले हाथ फिसल जाता है।
वह खुश है कि इतना तो अनाज है ही,
कि वह दूध-भात से अपनी संतान को पहला अन्न खिला सकेगा।

बच्चा सात माह का हो गया है।

मुसई भगवान को कोसता है कि पानी क्यों नहीं बरसा।
यह छल हमारे साथ क्यों? पानी का क्या करोगे भगवान?
इसका अचार भी तो नहीं पड़ता!

हमारा कतवारू कैसे देह जाँगर से रहेगा!
यदि देने का ताप बढ़ गया तो क्या करूँगा! वैद्य जी तो भगाते हैं,
कहते हैं कि भगवान-भगवान कहो ज्वर उतर जाएगा।

आज कई लोग उसके घर आए हैं, कतवारू दूध भात चखेगा।
आज तो मिल ही रहा है खाने को, बाद का पता नहीं!

दोनों खुश हैं मुसई पियरी धोती पहनना है,
और उसकी मेहरी गोड़ रंगकर लाल-गुलाबी साड़ी।

भगवान बिना छप्पर फाड़े भी देते हैं, यह दोनों को विश्वास है।

मुसई की जाँघ पर कतवारू बैठा है,
और उसकी मेहरी के हाथ में दूध का कटोरा है।
दोनों हँसते हैं, जब देखते हैं मूस जैसे दाँत कतवारू के।

गुरुजी बोले कि अब इसकी बुद्धि और उम्र बढ़ेगी—
वह सोचता है कि मुंडन, और देखता रहता है सिर मुँड़ाए कई लोग।
वह जानता है कि ये सन्यासी हैं।
वह साहस नहीं कर पाता कि पूछे कि क्यों बने सन्यासी।
तुम कौन सा काम करते हो? सन्यासी होने से जनता को क्या लाभ?

सब इधर-उधर की बातें ही करते हैं— बेअर्थी बातें!

वह भी अपने सिर के बाल मुड़वा लेता है,
और तब तो जरूर जब उमस खूब बढ़ जाती है।
वह सन्यासी नहीं है, वह मिट्टी के घड़े बनाता है, उसे प्यार है मिट्टी से।
वह सोचता है कि मैं सन्यासी हो जाऊँगा तो घड़े कौन बनाएगा?

'किस ध्यान में रहते हो!
आज बचवा का बाल बनेगा, सिर होगा सफाचट!
उस्तरा धोकर लाए हैं खेलावन भाई!
यही काम करते-करते बूढ़े हो रहे हैं खेलावन भैया,
उनसे बच्चे कभी नहीं रोए' सुघरी बोली—
'कैसे मनई हो कि कान पर चींटी नहीं रेंगत! हमार बचवा चोटी रखेगा!
पुजारी बाबा बोले थे की चोटी से बुद्धी तेज और उमर बढ़ती है।
अब हमार बचवा जल्दी-जल्दी बढ़ेगा!
निरहू कहता है— 'हमरी चोटी तो है! हम कहाँ बढ़ रहा हूँ,
इतनी उमर हो गई बुद्धी कहाँ बढ़ी!
हमरे को तो स्कूल से गुरुजी भगा दिए थे कि का करोगे पढ़कर!
जाओ नाली साफ करो, गेहूँ में पानी दो, मोट-रहट हाँको!'

'आ रहे हैं गुरुजी!' सुघरी ने कहा— 'आज वे बेद-पुरान का मंत्र बाँचेंगे।
वे कह रहे थे कि बचवा स्कूल जरूर जाएगा,
वे पढ़ायेंगे और पैसा भी नहीं लगेगा। धीरज धरो!
हम घूर नहीं है फिर भी हमारा अच्छा दिन आयेगा।'

दोनों खुश हैं कि गुरु जी आएँगे घर।

सुघरी ने आँगन लिप दिया है। निरहू नहा-धोकर धोती पहन रहा है।

दोनों एक दूसरे को तिरछी नजर से देखते हैं।

मुझे सुनाई देता है कि मैं सन्दर हूँ

छेदी के जुड़वा बच्चे हैं— मोलन और बचिया। वे एक वर्ष के हो गए हैं।
ज्ञानी जी ने कहा कि उनके कान में छेद होना चाहिए।
छेदी की औरत का नाम पुलकी है।

ज्ञानी जी ने यह भी कहा था कि अब इनके कान में गहना लटकेगा,
और तुम खुश हो जाओगे। मैं आऊँगा और कान छेदन करवा दूँगा।
और घबराना नहीं, जो दे दोगे मैं ले लूँगा, हो तो तुम मेरे ही गाँव के।

ज्ञानी जी फिर बोले,
कि छेदी तुम्हारे बच्चों को राहु-केतु का ग्रह तंग नहीं करेगा,
देह-जाँगर ठीक रहेगी।

मोलन के दाएँ कान में और बचिया के बाएँ कान में छेद हो गया है,
वे दोनों नीम की सींक कान में पहने हैं, यही उनका गहना है!

छेदी और पुलकी खुश हैं,
कि अब बच्चे किसी विपत्ति में नहीं फँसेंगे।

छेदी अपना कान देखता है, कान का छेद बंद हो गया है,
उसने कभी नहीं पहना गहना कान में।
वह भी कान में नीम की सीख पहन चुका है।
छेदी बहुत बीमार रहता है।
ज्ञानी जी ने कहा कि छेदी तुम्हें राहु ग्रस रहा है।
मैं हूँ ना! राहुल क्या कर लेगा! वह सिर्फ राक्षस है।
मैं मंत्र पढ़ दूँगा तो उसे भागते देर न लगेगी!
मैं उससे बड़ा हूँ...

छेदी ने सोचा कि उसके कान का छेद बंद हो गया है,
तभी राहु ससुरा पीछे पड़ा है। वह फुलकी का कान देखता है,
कान में एक चाँदी का कनफूल लटक रहा है।
छेदी ने फुलकी से पूछा— 'कोई पीछे तो नहीं पड़ा न!
राहू तो भाग गया होगा तुम्हारा काम देखते ही,
और तुम मुझसे कम बीमार ही पड़ी, सही बात है न!'

छेदी को ज्ञानी की बात मान लेनी चाहिए, अब देर ठीक नहीं।

छेदी और पुलकी एक बार फिर ज्ञानी को बुलाने गए हैं।

ज्ञानी जी चले जाते हैं, और छेदी राहु से मुक्त हो जाता है।

छेदी और पुलकी खुश होते हैं।
पुलकी थिरकती है और छेदी कोई गीत गाता है।

राख और अक्षर—

महदेव के पिता स्कूल गए थे। वे राख ले जाते थे पोटली में बाँधकर।
माई भोर में चूल्हे से राख बटोरकर चलनी से चालती।
और पिता राख जमीन पर छींटते और लिखने का अभ्यास करते—
'रामा मति देऊ सुमति श्री गणेशाय नमः'
चौमासा बीत गया नहीं लिख पाए पिता! गुरुजी ने पीटकर धर दिया था।

महदेव अपने पिता से सुनते रहते और पढ़ने से डरते रहते।
महादेव ने स्कूल का मुँह नहीं देखा।

डरा नहीं बुधमत पढ़ने से, सुरसती भी नहीं।
रेख भीगने तक पढ़ गया बुधमत, और सुरसती पहली माहवारी तक।
बड़ा नाम था दोनों का, खूब खुशी वाली चाल थी।
और वे गर्व से बताते कि हम भी हैं इस संसार में।

बुधमत और सुरसती को लगा कि वे जाग गए हैं,

वे अब कुछ करेंगे, विचारों का बोझ हो गया है माथे पर।
वे दोनों आगे पढ़ना चाहते थे, लेकिन अब सम्भव नहीं था।

वे दोनों हार नहीं माने।
बुद्धमत ने गणेश का चित्र बनाया, वह थोड़ा हँसा,
कि कैसा चेहरा है गणेश का! लेकिन वह चुप था।
उसकी हँसी कोई नहीं जानता। उसके बनाए चित्र लोग खूब जानते थे।
उसने गणेश की मूर्ति बनायी, इसबार वह हँसा नहीं,
उसकी आदत हो गयी है। वह रोजी को छेड़ना और छोड़ना नहीं चाहता।
वह मिट्टी सानता कभी रंग घोलता और गणेश जी बन जाते—
टेढ़ी सूँड़ और टूटे दाँत लिए।

वह पूजा करता है— पहली पट्टी, दवात, लेखनी और खड़िया-मिट्टी की,
उसने यह सब ताकेपर रख दिया है।

सुरसती बड़े ध्यान से देखती है बुधमत को,
और नदी में पानी भरने चली जाती है।
वह नहीं जानती कि नदी के पानी में अब कीड़े पड़ते हैं।

दोनों कुछ न कुछ सोचते रहते हैं लेकिन अपना काम नहीं छोड़ते,
और कोई अक्षर मिल जाता है तो दोनों मुस्कुराते हैं।

मैं समीप आना चाहता हूँ

फुलेसरी और रामधन एक ही घर के बच्चे हैं।
वे स्कूल जाते हैं और कक्षा में सबसे पीछे बैठते हैं।
अक्सर उन्हें मिलती है दक्षिण दिशा। दोनों की उम्र में वर्षभर का अंतर है।

चंद्रमणि स्कूल नहीं आ रहा है, वह रामधन से छोटा है,
लेकिन उसके साथ पढता है, उसका मुंडन हुआ है।
और उसके तनपर एक कपड़ा है, एक दंड लेकर भीख माँगना है उसे।
कहते हैं कि दूसरा अध्याय शुरू हुआ है उसके जीवन का।
उसके ऋतु की घोषणा हो चुकी है— बसंत।

रामधन परेशान है कि उसका सब खराब क्यों है, वह भी तो है एक व्यक्ति।
उसके पास सवाल बहुत हैं। कौन देगा उत्तर? उसकी ऋतु वर्षा है।
वह फगुआ मनाता है। काली लकड़ी, काला पत्थर, गधा, सूअर, चील, गिद्ध,
बाँस, बबूल, ऊसर और वाली काली मिट्टी वाला खेत— रामधन के नाम!
रामधन का कोई देवता नहीं, पढ़कर वह ठीक से जूते का काम करेगा,
और सफाई में होशियार होगा, विवाह में बाजा बजाएगा, कपड़ा धोएगा।
और फुलेसरी ठीक से बच्चा पैदा करायेगी।

रामधन के दोस्त बाल बनाते हैं, तेल निकालते हैं, कुर्सी बनाते हैं,
कपड़ा बुनते हैं, पानी भरते हैं, फूल की माला बनाते हैं, लोहार हैं,
भैंस पालते हैं, सब्जी बेचते हैं, कपड़ा सिलते हैं।
लेकिन रामधन पढ़ेगा और फुलेसरी भी, वे अपने काम को बड़ा बनायेंगे।

दोनों आगे बढ़ते जा रहे हैं।

रामधन खुश है कि उसका नाम रामधन है और फुलेश्वरी भी...
मुँह उठाकर दोनों जोर से हँसते हैं।

ग्रंथों में क्या है! अरे मेरे कान में कुछ न डालो!

वेदों में क्या है? कितने लोग जानते हैं?
हम बहुत पीछे हैं साहेब,
वेद जानते नहीं, लबेद बतियाते हैं।

देवलाल पढ़े लिखे हैं और रजवंती भी स्नातक है।
लेकिन दोनों ने थोड़ा-बहुत वेद पढ़ लिया है।
उनके पिता वेद नहीं पढ़ सकते थे,
कान बचाना जरूरी था और जीभ भी।

देवलाल बोले, 'हे रजवंती सुनो!
वेद चार ऋषियों के हाथ में था— अग्नि वायु आदित्य अंगिरा।
कहाँ से आया उनके पास वेद-ज्ञान, यह मुझे ज्ञात नहीं।'

रजवंती बोली, 'वेदों में आर्य-अनार्य की लड़ाई बहुत है।
विजय पाने के लिए यह युद्ध था आर्यों का।
क्या खून-खराबा पसन्द था उन्हें?
क्यों बने-बनाए किले तोड़ रहे थे?
कठिन और लम्बी मेहनत का फल है बनना।
आर्य क्यों मार रहे थे काले लोगों को? वे उदार क्यों नहीं?
क्यों अनार्य को नष्ट करने की बात होती है?
आर्य-अनार्य के झगड़े ने बहुत भेद बना दिये हैं।
मैं अब वेद पढ़ना नहीं चाहती।

हाँ, तुम मत पढ़ना वेद।
इन्द्र कहते हैं कि स्त्री के मन को ज्ञान नहीं दिया जा सकता,
उसकी बुद्धि तुच्छ होती है। पुत्री को कष्ट देने वाली कहा गया।

स्त्री से मित्रता नहीं हो सकती। स्त्री को धन देने की मनाही है।
बहुत सी फूहड़ और अश्लील बातें लिखी गई हैं स्त्री के बारे में।

तुम क्या समझती हो कि मेरे घर के ताके पर वेद नहीं रखा है!
मैंने देखा है इसमें हिंसा और अंधविश्वास है।

मेरे पास वेद नहीं है।
हाँ, एक आलमारी है जिसमें बुद्ध से अब तक का इतिहास रखा है,
और कई देशों का संविधान भी। गीता और रामायण और कुछ पुराण,
तो पहले से ही रखे हुए हैं, इन्हें पढ़ने की कोई मनाही नहीं है।

सुनो रजवंती मैं अपने बेटे को चारों वेद पढ़ाऊँगा,
और उसे चतुर्वेदी की उपाधि दिलाऊँगा।
और तुम गीता याद कर लो, कभी-कभी सौगंध खानी पड़ती है।

रजवंती हँसने लगी। हम भी व्यर्थ जानते हैं।
यह कोई नहीं कहेगा कि हम ज्ञानी हैं!
हम मूर्ख हैं, यह अच्छा है।

दोनों ने 'ओम विश्वानि देव' कहा और मुस्कुराने लगे।

एक समय बीत गया

राजाराम आज पढ़कर घर आया है।
वह विश्वविद्यालय से पास किया है एम ए।
लेकिन उसने सिर नहीं मुड़वाया है।
वह नहीं जानता कि पूरी पढ़ाई के बाद सिर के बाल छिलवाना चाहिए,
और चोटी बाँधना चाहिए। एक बार वह मुंडन कराया था असाढ़ में,
सिर में खुजली हो गई थी। लेकिन चोटी नहीं बची थी— सफाचट था।

राजाराम के पिता बाबूलाल खुश हैं,
कि पूरे खानदान में उसका बेटा इतना पढ़ा है।
वे अपने रिश्ते में पढ़ाई तलाशने लगे,
मैट्रिक के आगे कोई नहीं मिला।

मरजादी खुश है कि उसका बेटा इज्जत कमा रहा है।
वह रोटी पर नमक-तेल चुपड़ रहा है, राजाराम चाय से खाएगा।
बाबूलाल एक कटोरा भूँजा लेकर बैठा हैं।
संसार के जितने भी पढ़े-लिखे प्राणी हैं,
वे रोज अपने समय से समय निकालें किसी अन्य के लिए,
लोग उदार बनें, कहीं मारकाट न हो,
और प्रकृति की मुस्कान के लिए कुछ काम हो।
— सोचे तो पढ़े-लिखे लोग! और करें तो...

राजाराम अपनी अम्मा के साथ खुश होता है,
कि वह सोचता अच्छा है और अब अच्छा करेगा।

भोर का सूर्य उग रहा है। राजाराम सड़क पर झाड़ू लगा रहा है,
फिर वह बच्चे को पढ़ाएगा और शाम को बूढ़ों की सेवा करेगा।
और फिर पूरी नींद सोकर अपना भोर देखेगा,
कि सूर्य तो रोज उगता है!

उपदेश

किशन ने इंजीनियरिंग की पढ़ाई की है।
वह पुल जानता है, नया रास्ता और घर बना सकता है,
बिगड़े को ठीक कर सकता है, वह इंजन जानता है।

उसने ही बाँध बनाए हैं, उसके लिए मामूली चीज है टीवी, रेडियो।
वह जानता है ठीक से इलेक्ट्रॉन, प्रोटॉन, न्यूट्रॉन।
वह उड़ सकता है अंतरिक्ष में, वह विज्ञान समझता है।
वह आज का इंजीनियर है, उसके पास है सॉफ्ट और हार्ड।

किशन जब कॉलेज छोड़ रहा था तो एक बड़ा समारोह हुआ था,
लेकिन कोई नया उपदेश नहीं मिला था।
वह जान गया था कि सब पुरानी रट में रहते हैं,
और यह भी कि इंजीनियर ही विकास का हाथ है,
वह बहुत कुछ कर सकता है पर्यावरण के लिए।

उधर देखो! वह लोगों के बीच जमीन पर खड़ा है,
जमीनी बात करता है, धरती बचाने के लिये!
वह एक अच्छा इन्जीनियर है। चलो! उसके साथ खड़े हो!

किशन मुस्कुराता है कि इंजीनियर खूब पैसे कमाता है,
वह झोली भर सकता है।
और घर के सब लोग उसे खुशी-खुशी घर आने देते हैं।

रामदास और तपेसिया किशन के बाप-माँ है।
रामदास इमानदारी बतियाते हैं, और तपेसिया कसम दिलाती है।
किशन हँसता है कि बाबू तो जानते हैं कि घोर कलयुग है, फिर भी...
किशन कहता है कि बाबू ईमानदारी एक भारी शब्द है!
और फिर वह आकाश की ओर देखकर हँसता है।

हम साथ साथ हैं

कई है जीवन के अध्याय— कई दरवाजे, खिड़कियाँ, कोठारियाँ...

खेलावन और मोहरी ने साथ रहना तय कर लिया है,
वे जलते हुए हवन कुंड के आगे एक दूसरे का हाथ पकड़े हैं।

खेलावन सुखई और सोमरी का पुत्र हैं।
सुखई रो रहा है, खेलावन और मोहरी उससे अलग रहते हैं।

सोमरी सोचती है— आखिर उसे क्या मिला खेलावन से,
क्या इसी दिन के लिए नौ माह रहा था खेलावन पेट में।

सुखई सोचता है— खेलावन और मोहरी भी बच्चा पैदा करेंगे।
सुखई हँसता है, वह धरती को एकटक निहारता है।

सुखई का बोया हुआ गेहूँ पक गया है, वह एक ढेला उठाता है,
और उसे भुरभुरा करके जमीन पर पसार देता है,
वह अपना चेहरा बनाता है— नाक, आँख, कान, मुँह, हाथ...
वह अपना चेहरा देखकर ठहाके लगाता है— हा-हा-हा...

समय आगे बढ़ जाएगा और सुखई की कोई कहानी नहीं रहेगी।

सुखई सोमरी के साथ नदी के किनारे बैठा है, वह तैरना जानता है,
दोनों नदी में डुबकी लगाते हैं और हँसते रहते हैं।

•

जीवन के नाटक में अन्तिम पर्दा गिरता है

मृत्यु जीवन की सबसे छोटी प्रक्रिया है।

मृत्यु के बाद कोई नहीं बताता कि वह कैसे मरा,
और कैसा लगा, कितनी खुशी मिली कि दुख हुआ।
सबसे बड़ा सत्य है मृत्यु!

सब जानते हैं मृत्यु, और मृत्यु से डरते नहीं!

डरो मृत्यु से और बंद करो ये लड़ाइयाँ,
जो तुमने बेवजह छेड़ रखी हैं।
वैसे सामान्य प्रक्रिया में मृत्यु से डरना नहीं है।
और यह भी स्वीकार करो कि जीना सभी को है,
और छोड़ दो जो जरूरी हो छोड़ना।
अपना देश फैलाकर क्या कर लोगे?
उस आदमी से ईर्ष्या करके क्या मिलेगा?

सेवाराम और अँजोरिया जवान हैं, वे मृत्यु नहीं समझते।

सेवाराम के बाबा भगत और आजी बुधनी अब नहीं रहे।
वह बाबा और आजी को मरते देखा था।
वह नहीं समझ पाया जो बाबा समझते रहे मृत्यु के पहले।

भगत की अर्थी चली है, पीछे बहुत लोग हैं उसकी यात्रा में।
यह भगत की यात्रा है और वे बेखबर हैं।
वे मिट्टी हैं, चाहे जो करो, वे अब पेड़ नहीं कि छाया और फल दें।
वे खेत नहीं कि कोई अन्न उपजा ले। वे कोई गीत नहीं गायेंगे,
और वे लड़ेंगे नहीं कोई मुकदमा। भगत शान्त हैं।

भगत सुखी नहीं थे।
उन्हें सताने वाले बहुत लोग थे,
सब बड़े-बड़े कहे जाते थे।
मरने के बाद भगत हँसते जरूर होंगे,
कि आओ मेरे साथ बड़े जनों! अहंकारी कहीं के!

व्यक्ति से अधिक मूल्यवान कुछ नहीं है।
और आदमी है कि धरती को छेड़ता रहता है,
आग-धुआँ नहीं समझता, और करता रहता है—

आकाश गन्दा और पानी तो जैसे उसके पिता की संपत्ति हो!
मूर्ख कहीं का! अरे जबतक मरकर अर्थी पर लेट नहीं जाएगा,
तबतक नहीं समझेगा क्यों रे व्यक्ति!
ओह! मरा हुआ एक जिंदा व्यक्ति!

भगत के पास अब कोई शब्द-वाक्य नहीं है,
वे सवाल नहीं पूछ सकते,
अब वे धन कामायेंगे न करेंगे खर्च।
कहीं से कोई आवाज आती है—
'भगत जी! यही जीवन का अन्त है,तो फिर यह लोभ क्यों?'

अरे ओ! इंजीनियर डॉक्टर मंत्री!
किस फेर में पड़े हो!
देखो कि तुम ही लेते हो इस भगत वाली अर्थी पर,
तुम्हारा अंतिम संस्कार शीघ्र होने वाला है!

मृत्यु अपना मूल्य नहीं माँगती।

सेवाराम मृत्यु समझता है। वह अधेड़ हो गया है।
और अँजोरिया के बाल भी सफेद हो रहे हैं।

सेवाराम के पिता रामदुलार वृद्ध हैं, बे मृत्यु के करीब जा रहे हैं।
माँ जमुनी को श्वास का रोग है, वे कभी भी जा सकती हैं।
सेवाराम सेवा करता है, वह ऋण चुकाने की तरह सेवा नहीं करता।
वह जान गया है बुढ़ापा, वह जानता है कि वह भी वृद्ध होगा,
और हो सकता है बीमार भी। वह दुखी नहीं है, और खुश भी नहीं।

रामदुलार को वृद्ध होने का कष्ट नहीं है,
वे सेवाराम की बात समझ गए हैं,
और बे मृत की प्रतीक्षा भी नहीं करते।

जमुनी अर्थी देखती है, दरवाजे पर बैठी रहती है।

उसका घर सड़क के किनारे हैं।

सेवाराम रो रहा है।

सेवाराम के कंधे पर पिता की अर्थी है।
पिता मजे से मचर-मचर करते चले जा रहे हैं,
चिर निद्रा में लेटे, वाह रे रामदुलार!

रामदुलार के पीछे जमुनी की अर्थी है।
दोनों एक ही दिन गुजर गए इस संसार से।
अब सेवाराम ने जमुनी को कंधा दिया है।

रामदुलार और जमुनी एक साथ जल रहे हैं।
वे जीने मरने की बात करते रहते थे।

रामदुलार और जमुनी राख हो गए हैं।
यह जीवन है— राख होना, मिट्टी में मिल जाना।

जीवन शुरू हुआ था, और अब अन्त हुआ।
शुरू और अन्त के बीच में इतनी घटनाएँ! बाप रे!

सेवाराम घर चला आया है।
उसकी स्त्री अँजोरिया मृत्यु का गीत गा चुकी है।
अब रामदुलार और जमुनी नहीं रहे।
वाह रे! संस्कृति, वाह रे! व्यक्ति का स्वभाव—
वह मृत्यु का गीत भी जानता है, और गाता है!

सेवाराम अँजोरिया के पास बैठा है।
वह उसके आँख में देखता है कि कोई कीड़ा घुस गया है।
आँख में सेवाराम फूँक मारकर कुछ निकाल रहा है।
चलो चैन मिला, सिर्फ आँख लाल है।

बस यही इतना।

सेवाराम और अँजोरिया दुखी नहीं हैं।
वे जानते हैं यह सच कितना सच है
वे जानते हैं कि मृत्यु एक दिन जरूर आएगी,
और चली भी जाएगी। क्षणभर का सुख और दुख!

❑❑❑